安德鲁·卡内基

Andrew
Carnegie

安德鲁·卡内基

Andrew Carnegie

皮波人物国际名人研究中心 编著

国际文化出版公司
·北京·

图书在版编目（CIP）数据

安德鲁·卡内基/皮波人物国际名人研究中心编著. -- 北京：国际文化出版公司，2012.11（2024.2重印）
（名人传记丛书）
ISBN 978-7-5125-0400-4

Ⅰ.①安… Ⅱ.①皮… Ⅲ.①卡内基，A.—传记
Ⅳ.①K837.125.38

中国版本图书馆CIP数据核字（2012）第157659号

安德鲁·卡内基

作　　者	皮波人物国际名人研究中心　编著
责任编辑	戴　婕
统筹监制	葛宏峰　刘　毅　任立雍
策划编辑	黄　威
美术编辑	丁鉥煜
出版发行	国际文化出版公司
经　　销	国文润华文化传媒（北京）有限责任公司
印　　刷	北京一鑫印务有限责任公司
开　　本	700毫米×1000毫米　　　16开
	9印张　　　　　　　　83千字
版　　次	2012年11月第1版
	2024年2月第3次印刷
书　　号	ISBN 978-7-5125-0400-4
定　　价	34.00元

国际文化出版公司
北京市朝阳区东土城路乙9号　　　　邮编：100013
总编室：（010）64270995　　　传真：（010）64270995
销售热线：（010）64271187
传真：（010）64271187-800
E-mail：icpc@95777.sina.net

目录

目录

钢铁少年的
成长之路

在祖国的童年时光

安德鲁·卡内基

安德鲁·卡内基是与"石油大王"洛克菲勒、"金融大亨"摩根共同鼎立美国经济界的三巨头之一。他建立了一个世界上最大的钢铁王国，曾是世界首富。一直以来他都是美国人心目中的偶像和奋斗的楷模。而谁能想到，这个富甲天下的钢铁大亨却出身寒微，他的传奇人生完全是靠自己打拼出来的。他曾经说过：享乐惯了的孩子，绝不是那些出身贫贱的孩子的对手。在他的观念里，贫寒的出身是上天给他的最大财富，是一切成功的基石。而他又是如何从贫寒中起步最终成为享誉世界的富豪的？这还要从幼年时代的卡内基开始说起。

邓弗姆林是苏格兰地区一个以织花和麻纺闻名的小镇。在这个小镇上的一座石头房子里，住着卡内基一家。1835年11月25日，这个由政治激进分子和淳朴手工艺者组成的家庭里，每个成员都在为一个新出生的小生命而激动和欣喜，这一天，小卡内基诞生了。

卡内基出生的这座石头房子空间极其狭小，只有两层楼、两个房间。一楼几乎全被他父亲的织布机给占满了。楼上的生活区除了厨房和餐厅的空间以外，摆下一张床后几乎就无法再放置其他的东西了。

小卡内基的父亲叫威廉·卡内基。他是最后一代手织工，他的工作就是双脚踏着踏板，一双灵巧的手左右移动飞梭，在棉纱和亚麻等有光泽的织物上编织出精美的图案，然后这些织物就变成了一条条桌布和披肩。而母亲玛格丽特深受卡内基外祖父的影响，是个坦率直言的政治激进分子。在卡内基眼中，母亲是一位神圣的人物，没有人能够真正了解她。遵照苏格兰的传统，家里出生的第一个男孩要以祖父的名字来命名，于是小卡内基继用了祖父的名字——安德鲁·卡内基。卡内基一家虽然贫穷，但他们自强自立、勤劳淳朴，所以有许多亲戚朋友喜欢跟他们来往。

父亲的朴实和母亲的率真都影响着年幼的卡内基，而对卡内基未来影响最大的还是他的祖父。祖父是个和蔼幽默的人，卡内基很喜欢跟他亲近，而且祖父那不屈不挠的精神也潜移默化地感染了卡内基。他觉得自己有一位被很多人都认同的坚强的祖父是一件很值得骄傲的事情，同时也以承袭他的名字感到荣耀。最重要的，卡内基从祖父那儿体会到乐观、明朗的性格远比财富更珍贵，这一点使他在今后面对任何痛苦的时候都能以乐观的心态去对待，面对困难时一笑置之，让心灵和身体一同面对阳光。

卡内基的家乡邓弗姆林是苏格兰王国的古都，在卡内基刚出生时，这里还是个富裕的小镇，作为成长的环境，这里对于卡内基来说是非常理想的。每一个出生在这里的孩子都被那些神圣的修道院和经历了数代君王的宫殿遗址所影响着，能够成长在随处可见历史和传统的小镇上，让卡内基觉得无上荣幸。

卡内基最早的记忆就是从这里开始。但奇怪的是卡内基记得的第一件事，却是他看到的一小张美国地图。这是张印在卷轴上的地图，大约是60平方厘米。卡内基与父亲、母亲和姨父、姨妈都围绕在这张地图周围，姨父和姨妈在地图上寻找着美国的匹兹堡市。不久以后，姨父一家真的梦想成真了，到了那个向往已久的美国。在卡内基的记忆里，他们全家都非常向往和崇拜那个民主主义国家——美国。这时候大部分的市民对于国王所治理的国家、贵族特权的社会都感到非常不满，他们常常在私底下批评自己国家的这种政体，同时羡慕着那些已经定居美国的同族人，并且憧憬自己有一天也能生活在一个人人平等自由的国家。在这种环境影响下的卡内基时常热血沸腾，虽然那时他只是个孩子，但对那些不做任何事却能得到社会名望的特权阶级也十分轻视，认为他们对于社会并没有什么贡献，根本不值得尊敬。他常常在内心思忖着："你们这种人只是家世好，并没有什么了不起。只不过是诞生在贵族的家庭而已，有什么好神气的呢？你们家族所具备的优点就像马铃薯一样，都被泥土掩盖在地下了。"

他相信自己跟大人们一样随时可以反抗国王和贵族，只要将他们打倒，就是对国家作出贡献，是一种英雄的行为。此外，他对许多有智慧的人也和特权阶级那批蠢材相处在一起感到十分不解。

蒸汽机的发明开启了新的工业革命，但对于传统手工业的冲击却是致命的。渐渐地，手摇织布机开始淡出历史，对于卡内基的家庭来说，这是十分沉重的打击，而卡内基的父亲却一直不愿意顺应这种产业革命的趋势，仍然以古老的方式织布。由于制品的价格暴跌，卡内基的家庭面临着一次严重的危机，无奈之下，卡内基的母亲只能在街边开了一家小店以贴补家用。就这样，卡内基一家的生计才得以继续维持下去。

从那时起，卡内基开始真正体会到贫穷的滋味了。当父亲带着最后一匹布到批发商那里去的时候，卡内基一家已经陷入十分艰苦的境况之中。母亲焦虑万分地等待父亲回家，如果他没有办法拿新的丝线回来，这个一直赖以为生的家业就要终止了。为了维持生计，向来一身傲骨的父亲不得不向别人低头，以求得一份养家糊口的工作。当时卡内基就立下了一个誓愿：长大以后，一定要清除社会上这种不公平的现象。

不过，和邻居比较起来，卡内基的家还没有到山穷水尽的地步，即使在如此贫穷的生活中，母亲始终让她的两个孩子穿得干净整齐。

卡内基曾经向父母要求说："如果我想上学，我会告诉你们，现在我还不想去，请先不要把我送到学校去。"因为当时卡内基年纪还小，父母亲便答应了他。卡内基便每天玩乐，过得悠然自得，根本不想去上学了。但是随着年龄越来越大，父母看他仍然没有想要去上学的意思，十分苦恼，只好去拜托校长罗伯特·马丁先生，希望他能说服儿子走进学校。

几天以后，校长先生亲自到卡内基家来，他对卡内基说："小弟弟，你和老师一起去郊游好吗？"

郊游那天卡内基玩得很开心，所以回来时他就对校长说："我可以从明天开始就到学校上课吗？"

校长面带微笑地说道："当然，随时都可以。"

就这样，卡内基开始上学了，父母也终于不再担心了，这时候卡内基刚好满 8 岁。

卡内基对于学校生活十分满意，自从上了学以后，卡内基就常常想："为什么我不早一点上学呢？"越想内心越感到懊悔。

由于卡内基十分喜爱学校的生活，如果有事不得不缺课时，他会很沮丧。可是这种情形却无法避免地经常发生，卡内基每天早上都要到街尾的井边去提水，这个井的水量很少，而且很难出水，有时候从早上到中午都禁止提水，当地还派20名官员在那里看守，有的人在前一晚就放个空罐子排队占位。看到这种情形，卡内基总是无法保持沉默，常常对那些阻止他取水的长官发牢骚，因此就被邻居取了一个绰号叫"小讨厌鬼"。

可能就是那时的生活环境使卡内基逐渐养成了喜欢议论和较真儿的性格吧。

由于知道卡内基常常迟到的苦衷，老师每次都对这个从小分担家务的孩子特别宽容。而卡内基每天放学后也要帮忙做家务，不过那时还不满10岁的卡内基并不觉得厌烦和委屈，他觉得能为父母分忧解劳是应该的，并且十分自豪。

不久以后，卡内基逐渐接管了与母亲的小店生意有往来的客户的账单，年幼的卡内基已经懂得一点做生意的皮毛了。

卡内基很小的时候就表现出了商业天赋。有一次，他养的母兔生了一窝小兔子，但他没有足够的食物喂这些可爱的小家伙，又没有钱买。于是卡内基心生一计，他对邻居小孩子们说："如果你们谁能弄来小兔喜欢的野菜，将来我就用谁的名字来称呼这些小兔子。"这个办法果然奏效，整个暑假，小朋友们都心甘情愿地帮他采集兔子喜欢吃的野草和野菜。就这样，卡内基利用小兔子的命名权换取了足够的兔粮。

卡内基十分喜欢他的叔叔，在他眼里，叔叔是个极具感染力的人，他能借助诗歌的力量来控制人们的情绪，使人们哭、笑甚至激动异常。每当叔叔说起苏格兰的英雄华莱士为了苏格兰的独立而战斗，后来却因背叛的罪名被杀的故事时，卡内基总是会痛哭流涕。卡内基最喜欢听英雄故事，甚至同一个故事可以不厌其烦地听很多遍。

一个男孩子的心中若是以一个英雄为偶像，一定对将来有很大的影响。

从叔叔的家回到自己那郊外的家有两条路可以走，一条路是要经过黑暗而让人毛骨悚然的修道院墓地，另一条则是有明亮路灯及整排房屋的街道。每次当卡内基必须回家的时候，叔叔总是半开玩笑地问："安德鲁，你今天晚上要走哪一条路回去啊？"

卡内基总是回答说："当然是墓地旁的小路。"

卡内基很自豪自己从来没有走过灯火通明的街道，但是墓地旁的小路的确令人心惊胆战。每次卡内基经过那里总是害怕得要命，觉得心脏都快从嘴里跳出来似的，只能勉强提起勇气，吹着口哨给自己壮胆，同时在心里鼓励自己说："学学英雄华莱士或独立王布鲁斯吧，无论任何鬼怪或敌人，他们都毫不惧怕啊！"

就这样，卡内基鼓起勇气，一次又一次地走过恐怖墓地旁的小路回到家中。

背井离乡

在机器纺织工业的冲击下，小手工业者的生意越来越差，卡内基一家的生活日趋窘迫。而屋漏偏逢连夜雨，1846年，欧洲发生了大饥荒，这使他们全家人连吃饭都成了大问题。那时候卡内基的姨妈已经移民去了美国，为了自己的孩子将来不会像自己一样过着窘迫的生活，父亲给他们写了一封信，他在信中说："我们也很想移居到美国去。"

不久美国寄来了回信，卡内基的姨妈在信中写道："请你们赶快来吧，欢迎你们！"

于是卡内基的父母便立刻拍卖了织布机和所有的家具。那一天父母亲都十分高兴，父亲那种温和的语调掩盖不住内心的喜悦，母亲也用美妙的歌喉唱了一首歌：

> 到西方去，到西方去！
> 走向最自由的国家。
> 在那里，密苏里河滚滚地流向海里，
> 在那里，即使劳动者也会受到人们的尊敬，
> 而最贫穷的人，也一样可以治理绿色的大地。
> 啊，走向那自由的土地去！

可这次拍卖的结果着实令人失望，根本没有人愿意花钱买这些过了气的织布机，最后他们只好以极其便宜的价格出售，可是东西全部卖掉后，全家前往美国的旅费还差 20 英镑。就在这个时候，母亲有一位好朋友主动借了 20 英镑给他们，父母素日的和善和憨厚在关键时刻救了他们。

1848 年 5 月的一天，一家人离开了故乡邓弗姆林。这一年，卡内基 13 岁，弟弟汤姆只有 5 岁。汤姆是一个俊美的银发少年，长着一对乌黑明亮的大眼睛，无论走到哪儿都会引起人们的注意。

在他们出发的那天早晨，卡内基站在开往查理斯顿的煤炭列车上，他的两眼含满了泪水，呆呆地看着车窗外的邓弗姆林渐渐地消失在视野之中，直到最后那座古老神圣的建筑也一起消失了。

"何时才能再见？"卡内基心中想着，泪水更如泉涌般无法抑制了。

当卡内基到了美国以后，仍然念念不忘那座古老建筑上刻着的字迹——布鲁斯王。所有童年时期的回忆都围绕在那座古老的寺院及晚钟上。曾经当寺院钟声在每晚 8 点被准时敲响时，都是卡内基要上床睡觉的时刻，以至到了美国以后，每晚 8 点钟，卡内基的心中就会响起那悠扬的钟声。

全家搭乘一条小船到港口，这儿有一艘汽船将要开往格拉斯哥。当卡内基正要被抱上汽船时，他猛地冲到叔叔的身旁，紧紧抱住他的脖子说："我不愿意离开你！我不愿意离开你！"一位很亲切的水手走过来把卡内基和叔叔拉开，抱起他放到汽船的甲板上。后来当卡内基返回故乡邓弗姆林，叔叔来看他时对他说："我一生从来没有经历过像那次那样痛苦的离别。"

他们到了格拉斯哥以后，便再换乘 800 吨级的"威斯卡赛特"号帆船驶往美国。在 7 周的航程中，卡内基与船员们相处得十分融洽，也学会了航海的作业。那艘船上人手不足，所以在紧急时都需要旅客的协助。每当船员需要乘客帮忙时，卡内基都能很熟练地指导乘客们。卡内基帮船员们做了不少事，那些船员们便邀请他在星期日到船员餐厅去吃杏仁儿饼。渐渐地，卡内基有点不愿意离开这艘船，也曾经幻想着当一名真正的船员。

经历了疲惫而快乐的海上旅行后，卡内基一家终于到达纽约市了。刚一踏上这里的土地，卡内基便觉得眼花缭乱。街道上有许许多多来来往往的人，整个街道就好像一个大蜂巢。这个城市的熙熙攘攘使从来没有离开过邓弗姆林的卡内基感受到了很大的压力，他甚至开始怀念起家乡的古朴与宁静了。

在纽约期间发生了一件令卡内基印象深刻的事，当卡内基正单独走在一条后街上时，突然被一个"威斯卡赛特"上的水手抓住了双手。这名穿着海上制服的英俊的水手看到卡内基十分高兴，他把卡内基带到附近一个冷饮摊，叫了两杯用热带植物做的清凉饮料。卡内基尝了一口，觉得好喝极了，他永远也不会忘记当时那杯饮料的味道，以及那装着甜美甘露的黄铜容器。

打那以后，卡内基经常独自一人去那个冷饮摊，但是却再也没有看到那位亲切而俊美的水手。不知道为什么卡内基竟然十分想念他，他曾希望能再找到他，向他道谢，但是却一直无缘再见。

卡内基的父亲听取了当时纽约移民局官员所建议的路线，那时候这一段旅程需要漫长的三个星期。可对于一个少年来说，所有的旅行都是新奇的。这三个星期的水上航行中，卡内基十分愉快。

在旅行中的某一个夜晚，全家遭到一群凶猛的蚊虫的袭击，卡内基被咬得满身红肿，母亲的情况更严重，第二天一早她连眼睛都无法睁开。可那天晚上，卡内基却仍然酣然入睡，任何情况都不会影响卡内基的睡眠，卡内基从来没有失眠的经历。

住在匹兹堡的朋友们一直在等候卡内基一家，当卡内基一家抵达时，受到亲友们热情的迎接，旅途上的疲惫也顿时消失无踪了。全家暂时在霍根姨父的织布工厂二楼住了下来，那儿有两个房间，并且不收房租，一家人便在这里开始了新的生活。

到美国之初，卡内基一家依然穷困潦倒。不久以后，霍根姨父因为生活不景气而放弃了织布工作，于是父亲威廉便接替了他的小织布厂，开始织桌布。当时没有一位商人愿意为他推销，因此父亲不但要织布，还要亲自把成品拿出去挨家挨户地兜售。但他很快发现，自己的上好亚麻织品在这里根本没什么市场，同工厂的产品相比，这些手工织品太昂贵了，因此虽然父亲工作十分辛苦，可收入却少得可怜。

当小卡内基看见父亲的辛劳却只能换来如此微薄的收入时，他感到十分恐惧，难道这趟离乡背井的航行也不能改变家里的状况吗？

为了帮补家计，卡内基眼里永远不会倒下的母亲又开始工作了。在少女时代，她曾为了赚取零用钱，学会了缝鞋子的技术，没想到来到美国后竟然派上了用场。那时候玛格丽特到附近一位鞋匠家中拿鞋子回来缝，一星期可以赚 4 美元。

卡内基的母亲除了要工作赚钱外，还要管理家事，有时候甚至要忙到深夜。偶尔弟弟汤姆在旁边帮母亲穿针引线时，母亲就会像以前曾经对卡内基那样，唱一些苏格兰民谣给他听，或者讲一些故事来教育他。尽管十分忙碌，但玛格丽特仍然能够与邻居们和睦相处，每当邻居遭遇困难时都会来请她帮忙。不论他们住在哪里，情形都是如此，可爱的母亲永远是卡内基和邻居心目中仁慈与光辉的象征。虽然贫寒，但卡内基觉得与富有家庭的孩子比较起来，他们得到的更为珍贵。

那个时候全家人每个月只要有 25 美元就足够生活下去了，但是卡内基的父母即使拼命工作也无法赚得这个数目。卡内基很想有一份工作来帮助家里。他经常会梦见家里已经陷入了绝境，这种穷困生活的沉重压力就像一个可怕的噩梦般萦绕不去。

终于有一天，发生了一件令卡内基十分痛苦的事。霍根姨父出于一片善意对卡内基的母亲说："安德鲁是一个很聪明的孩子，学习能力也很强，可以让他带一个篮子，里面装些日常用品到码头附近去叫卖，这样能够赚到一笔相当丰厚的收入，对家庭也许会有些帮助。"

听了这话，玛格丽特暴跳起来，将手上的针线摔在地上，伸出手指着霍根姨父大喊道："什么！你要叫我的儿子去当小贩，到码头去和那些粗人混在一起吗？我宁愿把他丢进河里！你给我走开！"她一边大声斥骂，一边用手指着大门。霍根姨父只好自讨没趣地走了。在这以前，卡内基从来没有看到过母亲生这么大的气。事后，玛格丽特泪流满面地啜泣着，紧紧地抱着两个孩子说："在这个世界上有许多事情可以去做，但是我们要选择对社会有益、又能被人尊重的工作。"

母亲的抉择不仅是出于对他们的爱护，同时也是她的抱负，无论付出多大代价，她都要让自己的孩子们跻身于第一流的人才之中。然而谋生的压力变得越来越沉重，生活的艰辛让她忧虑不已。这件事发生后不久，父亲威廉就放弃织布的工作，在布莱克斯托克先生所经营的棉织工厂找到一份工作，而工作后，威廉发现这个工厂还雇佣了许多男孩干些杂务，于是他请求厂主给卡内基安排一份差事。

在纺织厂工作的卡内基

同为苏格兰移民的布莱克斯托克先生很同情他们一家的遭遇，便让安德鲁进厂做绕线工，每周可拿到 1.2 美元。就这样，小卡内基开始进入了社会。

初入社会，卡内基便尝到了谋生的艰辛。当时他和父亲一样每天天不亮就起床，除了一段很短的午休时间外，要一直工作到天黑。因为这项工作本身十分枯燥乏味，卡内基提不起丝毫兴趣，觉得漫长的工作格外辛苦，但一想到这份工作是为了全家能够吃到饱饭，也就毫无怨言地努力干了下去。一周以后，卡内基拿到了生平第一笔薪水，当时的激动心情真是难以形容，令卡内基终生难忘。虽然以后卡内基有了不可计数的财产，但是都无法与领到第一笔薪水时的成就感相比，那 1.2 美元说明自己终于独立了，已经可以做父母的助手了。

之后不久，有一位名叫约翰·海的在当地制造织布机用丝线的苏格兰人需要童工，他承诺每周会发两美元的工资。这实在是一份高薪的工作，卡内基强烈地要求父亲让他去那里工作。禁不住他的一再央求，父亲终于答应了。

这份工作比之前的那份工作更加辛苦，卡内基被安排在一个黑暗的地下室里用废弃的木屑给一架蒸汽发动机烧锅炉。

对一个孩童来说，这份工作真是太吃力了。卡内基必须住在工厂里，夜里每隔一段时间就要爬出被窝，去调整蒸气压力，以免它过高或过低，几乎整夜都不能安睡。锅炉的温度和压力让卡内基感到非常害怕，如果气压太低，楼上的工人就会抱怨动力不足无法工作；如果气压太高，他又担心锅炉会爆炸。在短短的睡眠时间里，卡内基常常被可怕的噩梦惊醒，以致日夜处于紧张和不安之中。

来之不易的工作

离开家乡以后，卡内基一家生活越发艰难，在这样的情况下，继续上学读书已经是一件近乎奢侈的事情。因此卡内基再没受过正规的教育，他的学生时代就此结束了。幸好之前的学习让他已经能够读、写和记账，同时也懂得一些简单的代数和拉丁语，因此踏入社会后，他并没感到任何不便或困扰。

除了看过英雄华莱士和布鲁斯王的传记以外，卡内基再也没有看过其他文学类的书籍了。但是小时候所听过的故事仍清楚地留在卡内基的记忆中，尤其是《天方夜谭》中的故事更将卡内基带进一个新的世界里。卡内基读着这些故事，就恍如进入了一个美丽的梦境一般，但无论在梦境中驻留多久，终归都要回到现实中来。

工作中的痛苦和艰辛卡内基从没有向父母提起过，只是深深地把它们掩藏起来，他不忍心再增加他们的负荷。英雄华莱士的故事鼓励着他，给予他力量，他常在心中不停地告诉自己："你要忍耐，只要踏实地做好现在的工作，一定会有更好的机会等着你的。"于是卡内基就这样咬紧牙关坚持着。

机会终于来了。厂主海先生不擅长书写，总是没办法写好那些请款单，而他手下又没有一个书记员。有一天他刚好看见卡内基走过他身边，于是叫住了他："你会不会写字？"

"会的，先生。"卡内基回答。

"你把这个写写看。"说着海先生拿出了一张纸和一支笔递给卡内基，卡内基便照着他所说的写完，海先生看到之后非常高兴地说："好，从今天起我要调你做事务员。"

就这样，卡内基离开了那间黑暗的地下室，转而负责处理票据。因为文书工作不会花费太多的时间，因此卡内基在完成票据工作外，还得负责把纺纱机筒管浸到一个盛满了油脂的大桶里。他整天待在一个被油脂的气味所笼罩的小工作间里，手指和衣物都被熏染了这股味道。由于长时间呼吸这种气味，卡内基常常反胃得把刚吃进肚子里的饭都吐了出来。

先是热气蒸腾的地下室锅炉房，继而是充斥着油脂臭气的小工作间，这些经历非但没有磨损少年卡内基的乐观心态，反而使他更加坚忍不拔了。

在办公室里除了卡内基以外，还有 3 名担任文书工作的年轻职员。卡内基被派任为书记，开始时一直做笔记工作，后来连一些账务也一并让他来处理了。

"你现在做的账，只是简单收支的单式簿记。"一个与卡内基一同办公的少年告诉他说："当然，小规模的生意这种单式的就足够了，可是在匹兹堡的公司现在都采用复式簿记了。"

少年时代的卡内基（右二）

少年的话让卡内基感到了一阵危机，为了摆脱那个装满油脂桶的工作间，卡内基决定去读夜校，以获得更复杂的文书的技能。

一天夜里，大伙聚在一起聊了起来，其中一个同事说："我认识一位教复式会计的教师，我们可以利用晚上到他那去上课，学费还挺便宜。"就这样，卡内基和其他的几个同事去了匹兹堡一位威廉老师开设的补习班学习，终于学会了复式簿记。

霍根姨父有位朋友名叫大卫·布鲁克斯，他是匹兹堡的电报局主任。1849 年春天的一个夜晚，布鲁克斯像往常一样来找霍根姨父下棋，下着下着，他突然问霍根姨父："你有没有可以当信差的可靠少年？介绍给我吧。"

霍根姨父想到了自己 14 岁的外甥目前工作很辛苦，便说出了卡内基的名字，并说："这个孩子你一定会喜欢的。"

接着他转头对刚进门的卡内基说："怎么样，你要试试看吗？"卡内基高兴极了，他当然愿意。当时他的兴奋心情真是难以形容，连关在笼中的鸟要飞出来也不会比他更兴奋吧。

当天夜里，全家聚在一起商量卡内基的新工作。

"玛格丽特，安德鲁的工作有着落了，这回可不是去兜售小玩意儿了。"霍根姨父首先解释道，"安德鲁的工作是把收到的电报送到商业区和住宅区，有时需要值夜班，每周可以拿到 2.5 美元。"

母亲玛格丽特觉得做信差是个很好的工作，很赞成卡内基去，但是父亲威廉却表情沉重地对卡内基说："对你来说，这份工作太沉重了。"接着，父亲又提出许多反对的意见，他认为每周 2.5 美元的薪金是付给较大年龄孩子的待遇，他们会把儿子当那些强壮的大孩子一样使唤的，而且半夜里送电报，必须走幽暗的道路，不知道会遇上什么危险。但是不管父亲说什么，卡内基都坚持要去。最后父亲也只好让步了，他说："既然如此，你就先去问问布鲁克斯先生，看看这份工作是不是真的适合你。"

威廉也到工厂去和海先生说明卡内基要转职的情况，海先生告诉威廉说："我很需要安德鲁，有点舍不得让他离开，不过只要新的工作对他有好处，就让他去试试看吧。"同时他还亲切地说："如果考试失败，我还愿意为他保留这个职位。"

几天以后，威廉带着儿子过河到匹兹堡去。在电报局入口处，卡内基对父亲说："请你在这里等候。"然后他独自走上二楼的办公室。

卡内基为什么不让父亲一起上来呢？因为当时他已经能说一口道地的美国话了，而父亲浓重的苏格兰口音，使卡内基觉得很不好意思。这种行为虽然比较幼稚，但说明那时的卡内基已经成长到要顾及自身体面了。

这次面试成功了，卡内基特别慎重地向布鲁克斯先生说明："我对匹兹堡这个地区并不很熟悉，也许对贵局没有什么帮助，而且体格又小，可能无法像强壮的成人一样地工作。"布鲁克斯仔细听完后却仍面露微笑地问卡内基："你什么时候可以开始工作？"

卡内基回答说："如果愿意录用我，现在就可以开始工作。"无论任何机会一定要当场把握，卡内基觉得只要他一走出这个办公室，机会就可能被其他应征者抢走，毕竟机会是稍纵即逝的啊。

布鲁克斯先生说："好，你很诚实，我决定录用你了。"接着他叫一位职员带卡内基去熟悉环境，他对卡内基说："你跟他去参观一下，尽快地了解工作情况。"有经验的职员开始向卡内基传授经验。

此时，父亲威廉还在街角忐忑不安地等待着。卡内基找了一个机会跑到外面，把这个好消息告诉了父亲："爸爸，我的事一切顺利，从现在起就要开始工作了，请您先回去把这个喜讯告诉妈妈。"

1850 年，卡内基踏出了人生旅程的第一步。与过去的工作经历相比，卡内基觉得一下子进入天堂一般。的确，这里对卡内基而言就像天堂一样，卡内基的四周充满了报纸、书籍和阳光，每一刻每一分都可以学习到新的东西，而且还有许许多多的新事物正在等着他去了解和学习。

他觉得自己的双脚已经踏上了人生的阶梯，一定能够一步步攀向高峰。

进入电报局后有一件事情令卡内基很担心，那就是他没有把握能够很快记住那些需要送递电报的公司的地址。卡内基开始站在街头注意每一家公司的特征，把它们一一记在心里，然后再走到街尾，记忆每一家公司的名称和特点。到了晚上，卡内基就利用记忆力把每一家公司的名称按照顺序背出来。不久之后，他即使闭上眼睛也能说出商业街上每一家公司的名称，而且还能倒背如流。

下一步就是要认识那些收电报的人了。因为对于电报邮差来说，如果能够认识收件公司里职员，不仅十分方便，也可以节省许多时间。例如有时候或许会在街上遇到收报人，那么当场就可以把电报交给他了。于是卡内基还用心记住了城里的企业家和政府领导人。他经常在街上遇到电报收信人，然后彬彬有礼地喊出他们的名字，并向其致意。与其他的信差相比，这是一项很大的胜利呢。对于收报人来说，他会因为自己被人认识而感到得意；而对卡内基来说，他的努力不仅使自己常常赢得夸奖，给他人留下了好的印象，还经常能赚取一笔小费。

卡内基递送电报的日子每天都过得非常快乐。后来，邮差主任升职，需要有人接替他的空缺，人事的调动和新人手的加入使卡内基结识了一些相伴终生的朋友，其中包括未来阿勒格尼河流域铁路公司董事长戴维·麦卡戈、未来的钢铁和矿石大亨亨利·奥利弗。卡内基还向公司推荐了他的朋友罗伯特·皮特凯恩。就这样，4个苏格兰少年便负责分送匹兹堡东部电信局的所有电报。

他们除了送电报之外，每天早上还要打扫办公室，由此可见，他们后来的成功都是从最底层的工作一步一步走出来的。在人生的路途中所要提防的对手，不是富有的人，而是那些从最底层开始奋斗的人。

当信差的日子里有许多十分快乐的回忆。这些少年们常常会受到别人的爱护，特别是一个水果批发商。如果他们能迅速地将电报送给他，他就会送他们许多苹果。有时候面包店也会赏他们一些面包、糖果等。收到电报的人地位越高，越会与他们寒暄几句，或感谢、夸奖他们的勤奋。

对一个少年来说，除了这种工作以外，卡内基相信再也没有更能吸引别人注意的工作了。他觉得那些聪明的少年们如果想获得成功，最重要的就是必须吸引别人的注意，因为成功的人永远都在留心寻找那些聪明、伶俐的少年。

在担任信差的时候，卡内基还无意中接触了文学和艺术。当地的一家剧院老板经常会收到许多祝贺的电报，作为回报，他允许电报员免费看戏剧。可是卡内基和其他信差可没有这个待遇，于是这些机灵的少年们会等到夜幕降临，在剧院老板把来免费看剧的电报员送到剧院门口时溜进去。在这里，卡内基看到了莎士比亚的《麦克白》，他的思绪常被剧中情节紧紧抓住，他从未发现，语言竟有如此大的魔力。自那时起，卡内基迷恋起了莎士比亚，他很想看遍莎士比亚所有的作品，但是他没有钱买书。

卡内基在电报局担任邮差一年之后，已经成为管理信差的监督者。当时有一件最令他们兴奋的事，那就是对于一些越区投递的电报，公司准许人们多收一角钱的工资。这种一角电报的好差事，大家总是争抢着要去送递，因此大伙经常为这件事发生争吵。为了解决这种争端，卡内基就向大家建议把这种特别电报费当作共同资金积存起来，到周末的时候再平均分配。这么一来，矛盾就圆满解决了，伙伴们又重新恢复了和平与秩序，这也就是卡内基在金融组织方面的最初尝试。

楼下营业部主任约翰·格拉斯先生经常找卡内基代理或协助他的业务。因为格拉斯先生在这座城里有许多朋友，所以经常外出，而且离开的时间也越来越长。因此，卡内基很快地熟悉了他的工作，不仅可以受理客户的电文稿，也可以适当地安排邮差去递送电讯室送来的电报。

但是对卡内基来说，代理格拉斯的业务是项吃力不讨好的工作，因为其他未被指派代理工作的同事们总是会嫉妒地认为卡内基"专做轻松的工作"。当时他们对卡内基的印象也不太好，因为每次投递一角电报所得的额外收入，卡内基连一分钱也没有动用过，所以他们都认为他很吝啬。这也难怪，因为他们并不了解卡内基的家庭状况，在卡内基家里即使一分钱也有它重要的用途，所以他一丝一毫都不敢浪费。那时候母亲每天都要尽量节省生活开支，将一枚又一枚银币存起来，每当凑足 200 美元时，他们就把它寄还给当初资助他们来美国的邻居太太。

终于有一天，全家举行了一个庆祝会，因为他们已经脱离了负债的生活，再也没有哪一天像那天一样值得高兴和庆祝的了。这笔钱虽然已经偿清，对于邻居那份恩情卡内基一家仍永远牢记在心。每当卡内基返回故乡邓弗姆林，都会怀着感恩的心情去那位邻居家探望。卡内基永远都不会忘记她当初的慷慨相助。

卡内基当电报邮差期间，有一段最深刻的回忆。那一天主任格拉斯把这些少年集合起来，发给他们薪水。之前每次发薪都是第一个发给卡内基，但是当天却不知为什么，所有人都发完了，还没有轮到卡内基。他心里觉得很不安，一直在回想他是不是少做了哪些工作，是不是做错了什么事，或者工作上有什么疏忽。他很怕主任马上就会告诉他"你明天开始不必来上班"，如果真是这样，他将会使家庭及父母的名声蒙羞了。

当所有的少年领完薪水出去以后，格拉斯先生向卡内基招手，示意他过来，卡内基惴惴不安地走了过去。格拉斯先生说："你比其他的同事更努力、更勤勉，所以本月起，你的薪水提高到13.5美元。"

卡内基与汤姆

卡内基兴奋得差一点晕倒。格拉斯先生把钱算好交给他后，他兴奋得连是否有向对方道谢都不记得了。

卡内基把钱放进裤袋里，跑出门外直奔回家。为了某些需要，他只将原来的薪水交给母亲，而提升的那部分薪水则只字未提，当时这笔钱对卡内基来说实在太珍贵了。

晚上，卡内基躺在阁楼上的卧房中准备睡觉时，把这个秘密告诉了弟弟汤姆，汤姆也感到吃惊。他们曾谈到将来的事业，两个人幻想着今后共同创业的情景，他们希望今后能组建一个"卡内基公司"。就这样胡思乱想了好一阵，兄弟俩才沉沉入睡。

第二天早上，全家人都围坐在早餐桌旁。卡内基拿出了多出的那部分薪水，父母亲十分意外，当他们弄明白是怎么一回事后，威廉的眼中流露出骄傲的神色，母亲则眼含喜悦的泪水。他们知道，儿子将来一定能获得成功，他们相信他具有那样的才能。那一天，这个寒酸的住处被他们的喜悦之情映照得宛如人间的天堂，每个人内心都是满满的幸福。

上校的图书馆

古今中外很多成功人士在青少年时代都没有良好的学习条件，而无一例外的，他们都很喜欢读书和学习，卡内基就是这群人中的一员。虽然生活在社会的底层，但他从没有放弃读书，他在逆境中为自己寻找和创造学习的机会，而这些努力，必然会为将来的自己打造出一片开阔的天地。

送电报的工作虽然有许多快乐的事情，可是对于这些少年来说，也有很多困扰。每隔一晚，他们中必须有一人留守在办公室里，直到夜里 11 点钟才能回家。轮到早班的人，直到下午 6 点钟以前都不能下班。这样的时间安排使这些少年即使想多读点书来充实自己都没有时间，而且彼此的家境都不富裕，根本没有多余的钱买书。

幸好卡内基有一个交友广泛的姨父，霍根姨父告诉卡内基："安德鲁，你不是喜欢莎士比亚吗，我认识一位叫詹姆斯·安德森的上校，他有一个私人图书馆，里面珍藏了很多你喜欢的书。"卡内基听了这个消息，立即前往上校家。当看到书架上排列整齐的《莎士比亚全集》时，卡内基惊呆了。

上校对这个喜爱文学的少年很欣赏，他亲切地对卡内基说："借给你一个星期，一星期后你拿回来，如果没有弄脏，可以再换其他的书。"就这样，上校的名声被传开了，很多爱看书的少年们纷纷登门借书，上校看借书的人越来越多，便决定干脆将图书馆对外公开。他到纽约又购买了很多书籍，扩大了图书馆的规模，把原先的私人图书馆扩建成一个公共图书馆。

由于图书馆的规模超出了他住宅的承受范围，他又向当地政府借了一间房子，将书籍都搬到那里去。但是随着政府的支持，官方势力也一并介入进来。

　　本馆仅供少年工人们免费借阅，其余人员须缴纳年费。

　　新的借书规则一贴出来，马上引起了很多少年的抗议。

　　卡内基抗议道："我们是以脚代替手来工作，应该和少年工没有两样吧，难道也要缴纳年费？"他觉得市政当局剥夺了他们学习的权利，便向当时的《匹兹堡快报》寄去了一封抗议信。信寄出后不久，《匹兹堡快报》刊登了一篇支持

卡内基在纽约设立的公共图书馆

卡内基的社论，并且对卡内基的抗议信作出了答复：

的确如你所说，今后少年工不论从事哪一种行业，都可以去安德森上校家借书。

卡内基第一次体会到胜利的滋味，于是毫不迟疑地奔向了安德森上校家。从此每个星期六，卡内基便全神贯注地沉浸在知识和文学的海洋里，他的眼界也越来越开阔。而谁又能想到，这个曾经向政府发出抗议的少年，后来在这个因他而建的图书馆原址建了一座集会堂和一座新的图书馆，并在图书馆前建了一座纪念碑，以表达对当初给予他帮助的安德森上校的敬意和感激之情。

卡内基认为，对于一些有能力而又有意上进的青少年，能为他们做得最好的事情就是建立图书馆，所以卡内基在全美各地捐献了许多图书馆。

在上校的图书馆里，卡内基熟读了麦考利的《英国史》之后，又读了班克罗夫特的《美国史》。他对这些历史著作爱不释手，只要一有空闲就拿出来看，上夜班时因为有书可看，时间也比较容易打发。如今卡内基只要一天不看书，就会觉得心神不定。

那时，大伙凑在一起时，总是相互推荐自己读过的某部书，卡内基也很喜欢与大伙分享自己读过的文学作品和历史著作。但有一些书，卡内基从来没跟大伙分享过，他偷偷借阅了很多有关钢铁与煤矿方面的专业书籍，这件事情没有其他人知道，卡内基故意对大伙隐瞒，也许他不想过早地暴露他那刚刚萌发的远大抱负。

在某一个冬天的夜晚，第二天是周末，卡内基很晚才回家，一进门他就问父母："明天我可不可以在去教堂做礼拜之前先到结冰的河面上去滑冰？"当时卡内基非常喜欢滑冰，他很想趁难得的休息日去好好玩一玩。但是按照当时的规定，星期日是忏悔的日子，教民要在这一天改掉一星期中所犯的罪过，并向上帝祈求宽恕，所以不能去散步、游戏，同时除了阅读《圣经》等宗教书籍以外，其他书籍一律禁看。当时的人们一直有这种古老的思想和旧习，这是全国每个信徒都遵守的教律。

然而玛格丽特却不同于其他的家长，她认为只要孩子喜欢去滑冰，就尽管去玩。这并不表示玛格丽特没有信仰，正好相反，她是个虔诚的信徒，只不过她认为礼拜天应该是休息、调剂身心的日子，所以觉得儿子的要求并没有什么不对。父亲威廉与母亲的想法是一样的，于是他对卡内基说："你要去滑冰，可以，不过也要去教会，所以要准时回来，这样可以赶得上礼拜。"

虽然卡内基的父母做任何事情都很谨慎，但他们很开明，在当时来说，这是非常进步的思想。而今天，星期日已经成为人们解脱工作束缚、消遣休闲和养精蓄锐的日子了，这种改变与卡内基的家庭教育和观念不谋而合。

　　说起来，这是一件小事情，可是卡内基却对它印象十分深刻，以至于后来卡内基不会拘泥于任何不合理的或错误的传统及旧习。他觉得时代在不停地改变，人也应该随着时代前进才对。

有付出就有收获

　　可能是生活的艰辛让卡内基逐渐意识到知识对自己的命运有着多么大的影响，也可能是逆境中得来不易的学习机会让卡内基倍感珍惜，卡内基对学习一直抱有极大的热情，他对新事物的渴望越大，越抓紧一切机会去学习。而他学到的新东西越多，就越有自信可以去改变自己的境遇。他相信，前方还会有无数个新的机会向他招手。

　　由于卡内基和其他的少年邮差每天早上必须打扫电信室，所以在电信技师来上班之前，卡内基都趁机练习操作电报机，对卡内基来说，这是一个新的机会。不久，卡内基就可以熟练地按着键盘和远方的电报员交谈了。

　　在一个普通的早上，卡内基听到呼叫匹兹堡电报局的声音，从他平时所学到的电报的知识来分析，对方似乎有紧急的事情。卡内基立刻去接听，把电信符号印了下来。这是从费城电信局打来匹兹堡的紧急电报，卡内基要求对方拍发得稍微慢一点，以便能够听清楚。最终，卡内基成功地接收了这封电讯，并且马上把它送了出去。这件事以后，卡内基心里一直忐忑不安，他焦急地等待局长布鲁克斯来上班，同时又有点害怕他今天会来。最后，他终于壮起胆子向布鲁克斯报告了这件事，很幸运，他并没有受到责备，反而被夸奖了一番。此后，每当电信室缺人手，卡内基就会被叫来看守通讯机。就这样，卡内基逐渐地掌握了有关接收及拍发电报的技术。

在那个时候，电报局中有许多懒惰的通讯技师，他们都很愿意卡内基代替他们工作。但卡内基并不觉得替这些人做不是自己分内的事是吃亏的，反而认为让他多做些工作是幸运的事。卡内基一有空闲就跑到电信室去实地学习。当时电报接收信息是先用机械带接收，然后由技师念给速记人员记录下来。经过业务的不断纯熟，只要听到电报机敲响的声音，卡内基就能够在心里默记下电文的内容，也就是说他单凭耳朵就能成功地接收电报信息了。卡内基所练就的这套技术在电信局内获得了极高的评价。

在距匹兹堡50公里的格林斯堡镇上，有一名电信技师因有两周的假期，需要有人能暂时去替代他的职务，他征询了布鲁克斯的意见。布鲁克斯先生把卡内基叫进办公室里问道："安德鲁，你是否能胜任这份工作？"

卡内基立刻肯定地回答："可以。"

"好的，就派你去试试看。"布鲁克斯先生说。

就这样，卡内基又把握住了一个新机会。

卡内基搭乘邮务马车出发，这是他离开家乡后第一次出远门。在途中，卡内基看到为建设宾州铁路而铲平或重新堆置起的山谷、山丘时连做梦也不会想到，他后来竟会成为这家大铁路公司的员工。

到了格林斯堡电报局后，卡内基工作极其负责任，并且总是全力以赴，充满了干劲与兴趣。但是由于他的太过热心，也给了自己一个很大的教训。那是一个暴风雨来袭的夜晚，卡内基仍在电信局里工作，当时通讯机因闪电而受到震动，卡内基也在一瞬间被击倒在地上，差一点丢了性命，这是卡内基离电报机太近的缘故。自从发生这次事件以后，每当雷雨交加的时候卡内基就特别小心，因为这事，他常被全局的人取笑。

卡内基成功地完成了在格林斯堡的工作，上司对他的表现十分满意，因此当他回到匹兹堡时，享受到了无上的光荣。不久之后，布鲁克斯先生需要增加一名电信技师，便大胆地向总局推荐卡内基。总局同意了，于是卡内基升任为电信技师，每月能拿到 25 美元的薪金。在当时的卡内基看来，这笔薪金可以建立一笔不菲的小财产了。那一年卡内基已经17 岁，体格发育得像成年人一样。

通过工作中的逐渐摸索，卡内基越加熟练地记住了桌子上那些陌生而神秘的仪器的声音。当电码在电流的驱动下被打压在一条窄窄的纸带上时，卡内基就知晓了全世界的和国内的各种信息，他知道了公司需要购买什么，正要出售什么；什么东西行情好，什么东西行情下跌等。同时，他还知道了许多有关土地和资源的一些内幕。就这样，卡内基处处留心，时时学习。卡内基相信不管任何时候，只要一个人学会了某种新的事物，就会有活用它的机会。而且他对于商业领域也有了一定的认识，这些留心学来的东西，终究有一天会被他很好地利用起来，一切的付出，都会有成果和回报的。

在电信室里，卡内基一如既往地努力工作。由于他对欧洲有一定的了解，所以很快又被调任接收新闻电报的工作。这件事又一次证明了卡内基的观点：无论任何时候，知道的东西越多，会被派上用场的机会也就越多。

在繁忙的工作中，卡内基又更努力地去练习只用耳朵听就可以写出电文的技术。逐渐地，他成为不看电信印字便能得知信息的电信技师了。卡内基这种妙技在当时是绝无仅有，每当有人来参观电信局时，都会特意来看卡内基的技能表演。

卡内基的技能受到了上司的极度赏识，当时斯托本维尔与惠灵镇因为发生洪水而致电讯中断，卡内基就被派到斯托本维尔镇上去接管电报业务。如果连接这两个城镇的电信线发生中断的话，美国东西部的整个联络也就完全中断了，于是卡内基就把接到的电报每隔一两个小时用小船送到惠灵镇，回程时就把在惠灵镇收到的信息带回斯托本维尔镇，这是一份相当忙碌的工作。

在斯托本维尔服务期间，卡内基收到父亲的来信，信中说他将搭船前往辛辛那提去销售桌布，想在中途的码头和卡内基见面。卡内基在约定的时刻赶到码头去，一直等到黄昏过后，父亲搭乘的汽船才缓缓进港。

卡内基看到父亲并没有买温暖又可以休息的船舱票，而是买的便宜的甲板上的票。看到父亲一路坐在寒冷、简陋的甲板上，卡内基心里难过极了。他知道父亲舍不得花钱享受，是的，对于穷人来说，坐在温暖的船舱里已经是享受了。他感到既难过又气愤不平，像这么善良、伟大的人却也要以这种方式出行吗？卡内基强压住愤怒与伤感，以平缓的语气对父亲说："爸爸，我再也不会让你和妈妈受这样的辛苦了，过不了多久，你们就可以坐在自己的私人马车里旅行了。"这是卡内基长久以来最大的愿望，他一直想买一辆马车，这样父母亲就可以好好享福了。

威廉向来是一个严肃而谦虚的人，他从不夸奖自己的儿子。但是那天晚上父亲却一反常态，他紧紧握住儿子的手，用颤抖的声音对他说："安德鲁，你真是使我引以为傲的好孩子。"威廉说完后，好像又有点难为情，于是便催促着卡内基，"好了，你赶快回去工作吧。"然后就转身回到船上去了。在父亲转身的一瞬间，卡内基发现他的眼里噙满了泪水。

回到匹兹堡后不久，匹兹堡的报纸上刊登了有关宾夕法尼亚铁路通车的消息。这在当时可是历史上的壮举，卡内基的电报公司也纷纷传着这个喜讯。

"听说宾夕法尼亚铁路要在匹兹堡设立西部管理局，到时候我们的电报不知道要增加几十倍呢！"

　　"听说托马斯·斯科特将受命为西部管理局的局长呢。"电报局上上下下相互传着消息。

　　第二天一早，这位传说中的斯科特先生真的乘着马车来电报局拜访了。他穿着黑色的礼服，身材非常高大，整个人看上去非常气派，而且很绅士。

　　"我是即将接管宾夕法尼亚铁路的托马斯，您怎么称呼？"斯科特先生彬彬有礼地对办公室里这位拿着扫帚的年轻人说道。

　　"您好先生，我叫安德鲁·卡内基。"因为其他人还没来上班，所以卡内基只好独自接待这位看起来大有来头的绅士。

　　"不用那么客气，我以后每天都会来这儿，叫我托马斯就可以了。"绅士微笑着说。

　　斯科特先生温文尔雅，谈吐不凡，卡内基很愿意跟他接触，他们逐渐熟识起来。有一天斯科特先生问卡内基："你愿意到宾州铁路公司担任事务员兼电信技师吗？"

　　卡内基稍微考虑之后就回答说："我愿意，我并不想终身担任电信技师，希望能够到更广大的世界去，还请您多多提拔。"

　　1853年2月的一天，卡内基被宾州铁路公司录用为斯科特先生专属的事务员兼电信技师，月薪是35美元，比过去又增加10美元。卡内基又相继将自己的朋友罗伯特和戴维推荐给铁路公司，他们也都被录用了。就这样，3 个送电报的少年，都进入了宾州铁路公司。从这个时候起，卡内基亿万富翁的理想基础已经开始萌芽了。

苏格兰小家伙

通过自己的努力，从电信局走出来的卡内基又进入了一个新的工作领域，可一开始，卡内基就发现这个新工作可不像想象中的那么好。原先他以为进入铁路局后可以跟像斯科特先生那样的绅士们一起办公，可谁知，他一开始并不是常坐在办公室里工作，而是需要经常去铁路的现场，而且每逢月底，他要将铁路员工的薪水送往阿尔图纳，那里可不像原来的电报公司，简直跟矿厂和码头没什么两样。卡内基的办公时间虽然不长，但是办公室就在工厂里面，而这里经常都是货车车长、驾驶员或火夫们聚集的地方。

当时卡内基已经过了 18 岁的生日，以前一直和慈眉善目的人接触，所见所闻也都是一些高尚的事情，但是现在却突然进入了一群鲁莽的人当中。当时，火车是刚发明的新兴交通工具，这些彪形大汉原先都是在船上工作的粗人，眼见前途看好，便全都到铁路公司来了。他们虽然并不是道德败坏和堕落得不可救药的人，但是却常常口出秽言，以内容低俗的谈吐彼此嬉笑打骂，一言不合就会大打出手。

卡内基十分厌烦这种工作环境，但是又不得不接受它。幸亏他还有那美丽、纯净的家庭，所以这些野蛮、粗鄙的事物都找不到空隙侵袭他。此外，卡内基还有一群十分优秀、有教养的好朋友，他们无时无刻不在努力，希望成为社会上的精英和受人尊重的好公民。

在卡内基进入铁路公司后不久，发生了一件几乎断送了他前途的事。那天，卡内基奉斯科特先生之命前往阿尔图纳领取公司的一大笔公款。领到钱后的第二天早晨，他就把钱放在背心的里面，坐上开往匹兹堡的火车。那时候卡内基对火车很感兴趣，央求驾驶员让他坐在旁边，驾驶员答应了，卡内基十分兴奋地坐在火车头里欣赏车外的风景。

当火车越过山间陡曲的弯道时，车身摇晃得很厉害。卡内基忽然想起身上的钱包，用手一摸，不见了！他想一定是刚才火车头剧烈摇晃时被震落到外面去了。卡内基顿时紧张起来，心里七上八下，不知该如何是好，心想："糟了，回去无法向斯科特先生交代了！"

卡内基觉得眼前变成一片漆黑，实在无计可施了，他只好哀求驾驶员："拜托你，拜托你了，能不能把火车开回去？"

驾驶员十分同情卡内基的处境，又禁不住他的再三央求，想了一想对他说："照规定，这是不可以的，但是我特别为你试试看。"

一路上卡内基的眼睛瞪得比铜铃还大，终于在斜坡道路的小溪中发现了钱包。他急忙跳下车，飞快地跑到河边捡起那只钱包，看到里面的钱原封未动，他终于放心了，欢天喜地地回到车上。在抵达目的地之前的这一段路上，卡内基不停地向驾驶员们道谢，同时一直紧紧地抱住那只钱包，生怕它再度遗失。临下车的时候，卡内基恳求驾驶员及火夫说："请你们不要向任何人提起今天这件事。"后来直到好几年后，卡内基才敢把它说出来。此后，每当卡内基搭火车经过事发地区时，都会想起那一天的情景，似乎总能看到河畔正躺着一只茶褐色的钱包。

后来没过多久，斯科特先生有了属于自己的办公室，他把卡内基也带了过去，此后，卡内基便离开了那群铁路工人而定下心来工作了。各铁路公司都拥有电信线路，为了需要，卡内基开始了培养电信技师的工作，并把所培养的技师提供给各单位。由于电信事业的日益发展，电信技师已有供不应求的趋势。于是，在美国的铁路公司首次出现了女性电信员。这正是卡内基和戴维的创举。他们把训练好的女性通讯员先安置在电信室当见习生，然后再视情况给她们安排工作。当时霍根姨父的女儿也是这批见习生之一，后来卡内基把她安置在匹兹堡货车车站当电信员。她的表现十分优异，不仅很快地熟练了分内的工作，同时也培养了很多女员工。

根据卡内基的经验，年轻的女性比年轻的男性更为可靠，虽然目前女性能够从事的新工作很多，但卡内基认为最合适的还是电信事业。

对于斯科特先生，卡内基一直认为他是一位很了不起的人物，觉得自己能在他手下工作非常幸运。他把青年人对英雄的崇拜完全投注在斯科特身上，进而怀着一种能在英雄手下工作的满足感，拼命为他效力。他相信斯科特一定会成为宾州铁路公司的总裁。

有一天早上，卡内基刚到办公室便获悉东部管区内的铁路发生严重的意外事故，货车在阿尔图纳附近的单轨铁路线上被堵塞住了，导致客车从早上开始堵了4个小时。

不巧，这一天早上斯科特先生偏偏不在，卡内基立即进入斯科特先生的房间，迅速查看货车的配位图，很快就发现了堵塞的原因。此时应该马上下达命令以解除堵塞，但能对列车下达调动命令的，只能有斯科特先生一人，其他人在任何情况下都不允许下达调动命令，如果违反了禁令，不管任何理由，一律革职。卡内基犹豫了，他又左右权衡了两三分钟，毅然提笔书写电文，然后冒名签上了斯科特先生的名字，拍发了出去，事情随之顺利地解决了。

当斯科特先生回到办公室后，发现了桌上的报告列车堵塞的电文，他马上书写命令调度的电文，而他所写的内容与卡内基已经发出的电文内容竟然一模一样。

"安德鲁，请把这封电报发出去。"卡内基接过电文，走了出去，不一会儿，他又走了回来。

"斯科特先生，在您回来之前，我已经发了一份内容相同的电文。"卡内基硬着头皮把事情说了出来。

"谁签的名字？"斯科特脸色很难看地问。

"是我……冒您的名字……签的。"卡内基窘迫地答道。

斯科特先生一直望着卡内基，卡内基吓得不敢与他正视，最后，斯科特先生一句话也没有说就回到自己的位子上，这件事算是结束了，没有称赞，也没有责备。此后有一段时间，斯科特先生每天早上上班都很准时。

那天，卡内基一整天都为自己所做的事懊恼不已，他想以后如果再发生类似的事件，除非事先有公司的命令，否则他绝不会再这么做了。后来卡内基才知道斯科特先生曾对匹兹堡铁路货物部主任说："你知道我那里那位银发苏格兰小家伙做了些什么事吗？"

"不知道。"主任回答。

"他没有受到任何人的命令，就擅自用我的名字指挥了全线的列车。"斯科特先生语气中略带得意。

"哦，结果顺利吗？"主任问道。

"一切都很顺利！"

卡内基知道了，下次如果再发生这类事故，也应该随机应变地发出指令。后来，真正发生类似事故时，即使斯科特先生在场，他也都让卡内基去处理。又过了一些时候，有一次斯科特先生要连续出差一两周，他向上级请示说："我不在的时候，可不可以让卡内基负责管区的事务？"他的确是相当有魄力的人，因为卡内基当时只不过是20岁的年轻小伙子。结果上级准许了他的请求，于是，卡内基就因斯科特先生的赏识而一步一步地踏上了成功的阶梯。

随着卡内基的步步高升，他家庭的生活也逐渐得到了改善。卡内基的月薪也已经增加到 40 美元，这是斯科特先生暗地里加的薪水，连卡内基自己事先都不知道呢。

当时，每个月发放薪资是卡内基的任务之一。工资都是以支票支付，但是由于职务上的便利，他每次都把自己的薪水先在银行兑换成 20 美元的金币。对卡内基来说，金币似乎就是世界上最美丽的艺术品。

卡内基家人经过一次家庭会议的讨论，决定买一块可以盖两栋房子的土地，当时对全家来说这是一件很重大的事情。这两栋房屋的其中一栋是自家人居住，另外一栋是要给霍根姨父和姨妈居住。他们之所以如此决定，是为了报答姨父和姨妈在他们刚来美国时对他们的关照和帮助。

他们先付了 100 美元现金，此后每半年付一次利息，他们要尽量早日付清其余的 600 美元。虽然有贷款要还，但家人终于过上了有房有地的日子了，安稳富足的生活离他们已经不远了。就在大家期待着所有生活重担都卸下后可以尽享天伦的时候，家中却发生了一件极其不幸的大事。

卡内基的父亲威廉因为长期乘船在俄亥俄河上往返去推销手织桌布，病倒了。一家人为了土地、房款、生活费和威廉的医药费，都不得不提起精神苦撑下去。然而，只要一家人能围在一起，再多的苦难也会过去。可谁知，父亲却突然过世了。威廉是个仁慈、善良的人，对待任何人都非常亲切，在卡内基心中，他就是神的化身。为了养家糊口，他终日奔劳，当卡内基逐渐有能力让他过安乐的生活的时候，他却去世了，临终时还穿着自己手织的衣服。

那年，卡内基20岁。出殡那天晚上，卡内基对母亲说："妈妈，以后由我来照顾您，妈妈在世的时候，我决不结婚。"

"不要说这样的傻话。"母亲摇摇头，她不会允许卡内基牺牲自己的幸福。

商海生涯

第一桶金

父亲去世后，卡内基担负起比过去更重的责任，但他一点也不以为苦，反而更加勤奋地努力工作。正在这个时候，幸福之神终于降临到这家人身上。

有一天，斯科特先生问卡内基是否有 500 美元，如果有的话，他愿意为卡内基投资，这样卡内基就可以按公司赚取的利润分到红利。那时候卡内基所有的存款加起来也不过 50 美元，不过面对这样的好机会，他又怎么会放弃呢，说不定这是另一个转折点呢。

"我可以想办法凑足这笔钱。"卡内基大胆地回答。

听到卡内基的回答，斯科特先生说："所要投资的是一家亚当斯运输公司，它专门负责货运业务，我们可以买到 10 股股权。"

当天晚上卡内基回家以后就立刻跟母亲说了这件事，精明能干的母亲立刻想出了一个可行的办法，就是以房屋做抵押来贷款，那时候土地和房屋的钱刚好都已付清了。第二天早上，母亲就乘船到东利物浦去找负责抵押的当地的保安官，用房屋做抵押，借了 500 美元回来。卡内基立刻把这笔钱拿去交给斯科特先生，得到了 10 股股权。而这时，又出现了一个难题，因为其中附带新股，因此必须还要再交付 100 美元。看着一筹莫展的卡内基，斯科特先生十分亲切地说："新股的钱，看你什么时候方便再付就可以了。"卡内基对他的一番好意非常感激。之后，卡内基每个月都分到许多红利，他永远也忘不了初次分到红利时的情景。

一天早上，卡内基走进办公室，看到桌上放着一个信封，信封上以正式的字体写着"安德鲁·卡内基阁下收"，左边盖有亚当斯运输公司的圆戳。对于"阁下"这个称呼，卡内基受宠若惊，他立刻拆开信封，里面有一张纽约银行的 10 美元支票，这就是卡内基投资所换来的第一笔收入。他情不自禁地大叫："万岁！"他觉得自己抓到了一只会下金蛋的鹅。但这笔钱他没有留下，而是马上还给斯科特先生。

在一次偶然的机会里，卡内基认识了一位在宾州铁路公司担任法律顾问的斯托克先生，他住在格林斯堡，到了周末，他会邀请卡内基到他那豪华别墅去度假。

斯托克先生的宅邸陈设十分豪华，看得卡内基瞠目结舌，其中最吸引卡内基的是图书室壁炉旁的一整块大理石，那块大理石板上雕刻有一本翻开的书，书上刻有下面几行字：

不会议论的人，是愚者。

不愿议论的人，是顽劣乖僻的人。

不敢议论的人，就是奴隶。

这几行字使卡内基深受感动，他每每都会想：将来，我一定要有自己的图书室，也一定要用这几行字来时时勉励自己。后来他真的做到了。

不久以后，斯科特先生升任为宾州铁路公司的总务，必须转往分公司所在地阿尔图纳，他决定带卡内基去做总部秘书，月薪加到 55 美元，于是卡内基也和他一块儿离开了匹兹堡。虽然离开母亲使他十分不舍，但是想到有了这份高薪，母亲就不用再做副业了，而且对未来工作与事业的发展也大有好处，何况对于像斯科特先生这种诚信而又有能力的人，卡内基始终抱着一个信条："遵从指导者。"关于这一点，母亲和他的看法是一致的。

刚到阿尔图纳的几个星期，卡内基和斯科特先生一直住在当地的铁路旅馆里，而且同睡在一间宽大的卧房中。斯科特先生的太太刚刚去世，他的心里十分空虚、寂寞，需要卡内基时时陪伴在他的身边。

当时受到法国"二月革命"和英国民权运动的影响，美国的一些铁路工人也在酝酿罢工。宾州铁路公司也发生罢工，而且事态变得愈来愈严重。

一天晚上，当卡内基下班返回旅馆，途中发现有人在跟踪他，他回过头一看，是个戴着鸭舌帽的劳工模样的人。卡内基认出了这个叫乔治的工人，当初是卡内基举荐，他才得以进入修理厂当工人的。看到这个旧相识，卡内基的紧张消失了。乔治带着他来到一处露天煤场，在一个阴暗的角落里，交给卡内基一份这次罢工的主谋者和参与者的名单，同时还把工人们正在发动签署一项文件和如何实施罢工的始末，原原本本地告诉了卡内基。乔治的信息让卡内基觉得事态已经发展到非常严重的地步了，必须马上制止。

第二天一大早，卡内基就向斯科特先生报告这件事，斯科特先生立刻印刷了一些海报，内容是这样的：

> 签名参加罢工的员工立刻解雇，现在马上到办公室领取薪水。

这次罢工就这样被提前制止了。

"拿上你们的薪水，以后不要再来上班了。"斯科特先生语气严厉地喝道，表情毅然决然。卡内基看到排在会计室门外等待领取最后一笔工钱的工人们脸上暗淡无光，可能他们正在为曾经谋划的罢工计划而追悔莫及，或者在为第二天的早饭发愁。这些衣着寒酸的人突然使卡内基想起了故乡的那些纺织工人，想起了父亲的脸，他对这些衣着寒酸的人，充满了理解和同情。

夜里，卡内基躺在床上无法入眠。他不禁想到，这里曾是他们全家人梦寐以求的国度，它难道不是全世界最自由、最民主的地方吗？为什么这里的穷人跟其他地方的一样？这里的国家与光说大话、不帮助穷人的帝国主义，不是一样嘛！

有一天，卡内基要到俄亥俄州的一个镇上办事，他坐在火车最后一节车厢里，注视着节节后退的铁轨发呆。有一个农夫模样的人手拿绿色提包向他走了过来，他开口说："您好，我叫伍德拉夫。我刚才从车长那里知道你是宾州铁路公司的职员，我有事要和你商量。"卡内基也正好觉得无聊，于是便很欢迎。伍德拉夫告诉卡内基说："晚上坐车旅行很容易疲倦，因此我设计了一种可以在里面睡觉的卧铺车厢，这样夜晚搭乘火车时就可以放松地睡觉了。这是模型，请您看一看。"说着他就从皮包里取出卧车的模型。

卡内基心里有个直觉：这个构想的确很不错。于是他说："这是很好的构想，但是我一个人做不了主，回去以后我会立刻向上司报告，如果我们通知你，你是否能马上来阿尔图纳？"

"是的，我随时都可以去。"伍德拉夫立刻答应了。

这件事一直盘旋在卡内基的脑海里，办完事情返回阿尔图纳后，他迫不及待地就把卧车设计的事向斯科特先生报告。斯科特听完以后，叫卡内基发封电报，请那位发明人来这儿一趟。虽然就当时情况来看，卧车的设计太过超前，不过他对这件事仍很感兴趣。

此后，卡内基和伍德拉夫曾数度会面，也和企划部有过协议，终于决定先做两节卧铺车的试验车厢。这时伍德拉夫邀请卡内基加入这个制造卧铺车的企业，他对卡内基说："怎么样，请你参与八分之一的股份，有没有兴趣？"

卡内基欣然答应了，但是要缴第一次股金时，卡内基手头却没有钱，当时他需要支付 217.5 美元。经过再三的考虑，卡内基鼓起勇气去拜访了匹兹堡银行，他曾经在教会上结识了那儿的一位银行家。卡内基先向银行家详细地说明事业内容之后，请求银行家贷款给他。银行家先生走过来用他粗大的手臂搂住卡内基的肩膀说："好，好，我愿意借给你这笔钱，我对你非常放心。今后赚了大钱，可要存入我的银行哦。"就这样，卡内基得到了所需要的款额。卧铺车的试制非常成功，此后，卧铺车制造业的发展一日千里，卡内基也从这个股份中赚到了一笔笔的财富。

那段时间，卡内基搬进了斯科特先生在阿尔图纳的家，生活起居受到了良好的照顾。不久以后，母亲和弟弟也到了阿尔图纳，于是卡内基就在市郊租了一处有大院子的房子，他们一家人终于又团聚在一起了。

当时，由于各方面的需要，卡内基不顾母亲的反对雇佣了一名管家，没想到竟使他们的生活起了很大的变化，家庭中的幸福和温情也逐渐变淡了。但是这个时候因为卡内基事情太忙，早上出门和夜晚回家都没有固定的时间，由于工作的关系，在卡内基家进进出出的人也越来越多，他确实需要有一个帮忙料理的人。卡内基和母亲一样，对于家庭中失去了以前的那种幸福和欢乐感到很难过，但是人一旦进入社会工作，这些都成了不可避免的事。

在阿尔图纳分公司工作三年之后，斯科特先生又被调升为宾州铁路公司的副董事长，必须转往费城的总公司去。为了接洽调任事宜，他到费城去会见董事长，回来之后立刻把卡内基叫到办公室说："关于如何安排你的事，我想先听听你的意见。"

"我想一直留在您的身边。"卡内基还没有想到如果和斯科特先生分开将会怎么样。

斯科特先生听完了他的回答，似乎很失望，他说："这次不行了，我的秘书，总公司已有安排。"

接着，他静静地看着卡内基，突然，他以很急切的语气对卡内基说："安德鲁，你能不能去匹兹堡负责当地管区内的一切事务呢？"

斯科特先生的意思是要卡内基去担任当地的管区站长。卡内基有点犹豫，因为责任很大，当时他不过24岁，不敢保证是否能够胜任这个艰巨的任务。就在这时候，卡内基的脑海里浮起了苏格兰英雄华莱士的威武雄姿，于是他抬起头，毅然地对斯科特先生说："如果有这个机会，我愿意试试看。"勇气加上努力，绝对可以克服任何困难，想到了这一点，卡内基下定了决心。

听完卡内基的话，斯科特先生绷紧的脸部逐渐缓和、明朗起来。

"很好，我也已经向董事长推荐了你，董事长也答应了……那么你希望的薪水是多少？"

"薪水？"卡内基心里想，"把我的工作升级我就很满足了，因为这有关我的名誉。"

于是卡内基对他说："我不在乎薪水多少，我要的是地位。对我来说，只要能够回到您曾经服务过的匹兹堡管区，已经是求之不得的荣幸了。薪水的事就由您来决定，即使按照现在的薪水也无妨。"当时卡内基的薪水是 65 美元。

斯科特先生听后笑着说："你不知道，我当时在那里一年有 1500 元收入呢。这样吧，我想你可以从年薪 1500 美元开始，如果工作顺手，再升为 1800 美元，你看这样好吗？"

"拜托您，别再提钱的事了！"卡内基强掩内心的激动。

就这样，1859 年 12 月的一天，卡内基被任命为匹兹堡管区站长，负责主管匹兹堡和阿尔图纳之间的铁路业务。从此以后，卡内基就用姓名的头两个字 A.C，来拍发电报和指令，以传达到整个管区之内。

其实，要从在阿尔图纳那种悠闲的田园生活中回到烟雾弥漫的匹兹堡市，卡内基心里并不很愿意，可是在匹兹堡，卡内基的很多老朋友、老同事却十分高兴能再和卡内基见面。卡内基把母亲留在阿尔图纳，就带着弟弟汤姆一块回来，当时汤姆已经学会了电信技术，卡内基就让他在身边当秘书。

当时的铁轨还十分粗陋，仅是铺设在大石头上，再用铸铁制的枕木压着。在卡内基就任站长第一年的冬天，天气特别寒冷，一夜之间，枕木竟然断了 40 多根，以致经常发生意外事故及火车出轨的情形。身为管区站长的卡内基，必须亲自到发生事故的现场去勘察。为了处理一件又一件事故，他时常不眠不休。有一次，他连续8天寝食不安地一直在外面工作。卡内基回想起来当时的自己，很可能是一位脾气暴躁又没有人情味的站长。

回到匹兹堡之后，兄弟俩就在曼谷街租了一栋房子，在那儿住了一年多的时间。当时，匹兹堡的空气污染相当严重，整个市区终日笼罩在煤烟之中，任何地方都有煤烟污染的痕迹，甚至摸一下楼梯的扶手也会蹭得一手黑，盥洗过后不到一个小时又是满脸、满手的黑。这些黑灰甚至还会侵入毛发内，刺激或伤害到皮肤。

生活在这种肮脏的环境中，实在痛苦得无法忍受，因此兄弟俩就搬到了乡下去住。

新居的环境十分优雅，房子周围不但有幽静的森林、静谧的峡谷、美丽的草原，还有一条潺潺的小溪流。这种优美的田园生活实在太美好了，于是卡内基立刻把母亲接来同住。母亲来了以后也对这里的一切非常着迷，全家人就在此定居了下来。当时卡内基在这栋房子里装了一部电报机，以便必要时可以在家里指挥管区车站内的一切事务。

在他们家的前院有一个小花园，喜欢花草的母亲整天穿梭在那些花丛之间，以种植花草来消磨时间，她从不忍心摘下一朵花。记得有一次，卡内基正想拔掉一根杂草，却被母亲喝止住了："那也是绿色的植物啊，为什么要拔掉它呢？"不知道是否受了母亲的影响，卡内基对于周围的一草一木也产生了浓厚的感情。每当卡内基早上要出门时，总想摘一朵小花别在衣襟上，可是找来找去，都找不到一朵可以让他忍心采下的花朵，只好放弃这个念头出门了。

移居到这儿之后，他们一家也认识了许多新朋友，现在卡内基已经能以铁路管区站长的头衔来和这些人交往了。这些邻居中，卡内基一家很喜欢和艾迪森家来往。卡内基认识了他家的女儿莱拉小姐，她曾经在欧洲接受教育，不但才华横溢，而且教养与气质都显得优雅、高贵，她对卡内基有很大的影响力。卡内基常想："如果我是一颗粗糙的钻石，她就是雕琢这颗钻石，使它呈现闪耀光芒的工匠。"受到她的影响，卡内基谈话变得文雅有礼，也开始注重自己的服装仪容。莱拉小姐不仅是卡内基最好的朋友，也是他社交生活的指导老师。

战争与商机

随着资本主义在世界的蔓延，在美国以农业为主的南方和以工业为主的北方之间关系不断恶化，他们之间的冲突几乎是不可避免的。而此时，英国新兴的资本主义逐渐蔓延到美国。林肯就任总统以后，南北间因奴隶问题和关税障碍的对立导致情势更加恶化。1861 年，美国爆发了南北战争。在这次战争中，以林肯为中心的北方军废止了美国历史上长期存在的奴隶制度，所以这一战争又被称为"奴隶解放战争"。

战争期间，卡内基奉调为北方军铁路部队的要员，加入了战争的行列。

那时候斯科特先生被任命为物资运输的陆军次官，卡内基奉命担任他的助理，跟着他一起被派到华盛顿。当时卡内基的工作是负责军用铁路和军用电信的管理和营运，同时将铁路员工编入铁路部队，在战争初期，这是最重要的工作部门。

战争进行得如火如荼。一天，北方军部队搭乘火车在即将通过巴尔的摩时遭遇南方军的袭击，铁路被破坏，通往华盛顿的交通被切断了。卡内基立刻率领部下赶到现场展开修理工作，经过几天不眠不休的抢修，火车终于能够畅行无阻。卡内基就坐上第一列要开往首都华盛顿的火车车头内，观察前方的路况。突然，他发现两旁的电线被人用木棒钉在地上，这一定是敌人为了干扰电信搞的鬼。卡内基立刻命令停车，他跑下去想拿掉那些木棒。由于电线拉得太紧，当他拆木棒时电线突然向上弹了起来，猛地抽到他的脸上。卡内基被打得倒在地上，脸上流了很多血。经过紧急治疗后，火车继续前进，终于到达了华盛顿。这次，卡内基和几天前在巴尔的摩遭到敌人袭击而受伤的几名士兵一样，都为国家流了血，他感到十分光荣。

南北战争期间，南方军频频攻击宾夕法尼亚铁路，木质桥梁被毁的事件层出不穷，卡内基时常要带人修桥补路。在一次检视被南方军毁坏的一座大桥时，他成功征集了所有的渡船，将它们并列排放，以取代被毁坏的桥梁，进行桥梁修补作业。工厂完毕后，他突然想到：今后应该用铁桥来代替木桥，继续用木桥是不行了。

再度回到华盛顿，卡内基与斯科特先生一起在陆军本部服务。当时由于卡内基负责铁路及电报两个部门的工作，使得他经常有机会和林肯总统见面。

林肯总统常常到卡内基的办公室来等候电报。在卡内基眼里，林肯性格冷静，五官极为奇特，是他所见过的最丑陋的人，但是当遇到兴奋或激动的事情，或为某件事沉思时，他的眼睛就会流露出智慧的光芒。

林肯先生无论和任何人谈话，态度都很平易近人，而且语气也极为亲切柔和，即使办公室的工友，他也一视同仁。他的动人之处就在于那平易近人的态度，丝毫没有一点做作或骄矜的痕迹。卡内基从来没有见过一个伟大的人物能够像林肯一样，使自己和对方站在相同立场来表示关切和情意。曾经有一位官员这样评价过林肯："没有一个人能够当林肯先生的仆从，因为他立刻就会变成林肯的朋友。"正如他所说，林肯是一个最完美的民主主义者，他用自己的语言和实际行动来表示人类都是平等的。

本来卡内基以为南北战争很快就会结束的，可是开战不久，南方军非常强悍，北方军吃了不少苦头，因此战争的情势愈加明白地显示出这将是一场长期的战争。卡内基开始考虑到自己并非正规的军人，如今一直做军人的工作，还不如把这些工作交还给真正的军人。这时候宾州铁路公司也因为战争的影响业务十分繁忙，一直盼望斯科特和卡内基赶快回去。于是卡内基和斯科特先生就向华盛顿政府申请复职，不久就获得批准，他们便分别回到了原来的工作岗位上。

但是当卡内基从华盛顿返回不久，却因为从军时过于劳累而患了日射病，这是他有生以来患的最严重的疾病。有一天中午，当卡内基站在铁轨上时，突然感到头昏眼花，直冒冷汗，一下子就瘫倒在地上。虽然经过治疗得到缓解，但以后这种病仍然时常发作，最后医生不得不严厉地命令他绝不能在天气酷热时外出，同时他向卡内基建议，今年夏天最好不要待在美国。卡内基便趁机向公司请假，带着母亲踏上去往苏格兰的回乡之路。这个时候卡内基的收入已经十分可观，他在伍德拉夫的卧铺车制造公司的红利一年高达 5000 美元，在亚当斯运输公司的红利一年高于 1200 美元，这些收入都远远超出了他在铁路公司的薪水。

1862 年 2 月，他们在英国利物浦港登岸后直接返回故乡邓弗姆林。离苏格兰每近一点，卡内基的心跳动得便愈加厉害。

母亲和卡内基一样的感慨万分，热泪不禁夺眶而出。卡内基愈安慰她，她哭得反而愈伤心。带着激动兴奋的心情，他们终于抵达了邓弗姆林。街道上的情景一切如旧，但在卡内基看来，似乎所有的景物都比想象中的小，连街道上的房屋都好像小人国里的房子一样，这使卡内基感到十分奇怪。

他当时已经兴奋得忘记了自己已经长成大人了！

他们来到了叔叔的家，当卡内基走进以前叔叔常给他讲故事的房间时，不禁激动得大喊起来："一切的一切都和以前我离开它们时一模一样，不过每一样东西都像儿童玩具一样小。"只有一样东西，仍然和卡内基梦想中的完全相同，那就是那栋古老的修道院和雕刻在塔顶上的字。卡内基回到故乡以后，再一次听到寺院的钟声时，那古老的钟声好像渗入了他的细胞一样，在他身体里回响着，把他的心灵拉回到了童年时代。

他们就住在叔叔的家里，在这里，他们又恢复了以前的生活。叔叔也毫无变化，他曾经为卡内基花费很多心血，使得卡内基在 8 岁时就成为幻想家、爱国者，甚至于诗人，叔叔的教育直到最后都一直影响着卡内基。虽然现在卡内基已经是个成年人了，但是只要一和叔叔谈话，卡内基的心情就会立刻倒退 20 年，就连表情、动作都和当年一样，十分认真地聆听叔叔所说的每一句话。卡内基是那么兴奋，以致整夜无法入睡。但多美好的旅行也总是要结束的，几个星期之后，他们怀着依依不舍的心情再次离开了故乡。

当卡内基回到匹兹堡管区那天，受到了厂区盛大而热烈的欢迎。那一天管区的铁路人员整齐地排列在铁路的沿线上，当卡内基乘坐的火车通过时，他们不停地大声欢呼，迎接他的归来。卡内基想这可能是因为平常他待他们十分友善和关怀，所以他们利用这次的机会来表示感谢。他们这种报答方式，使卡内基觉得异常欣慰。经历了一趟故乡的旅行，卡内基已经恢复了健康，于是马上开始投入工作。

由于战争的原因，铁的价格一再暴涨，曾经涨到每吨130美元，甚至于就是以这个价钱去购买，也因运输的关系而很难买到。另外，美国铁路的铁轨因为年久失修而磨损得厉害，正处于危险的状态，安全隐患越来越大。在南北战争爆发前，匹兹堡的铁厂如同雨后春笋般蓬勃出现，但钢铁、铁路和造船工业的发展却还只是起步阶段。卡内基分析着，如果自己能生产出钢铁，那将会解决很多问题。他意识到钢铁时代即将来临，他必须捷足先登。于是，卡内基和汤姆·米勒先生合伙创立了一家桥梁制造工厂，除了制造火车头外，还准备架建铁桥。

开始时，他们想在俄亥俄河上架设一座铁桥，因此着手研究如何在90米的河面上架设铁桥。现在说起来，当然极为简单，可是在当时却是十分困难的事。很多人抱着怀疑的态度，认为这件事根本不可能实现，于是冷眼旁观。

但卡内基却决定试一试，他先请设计师画好设计图样。经过仔细的研究讨论后，卡内基说："这是可行的，如果连这种铁桥都不能架设起来，那么以后要在密西西比河架桥时怎么办？所以我们一定要试，而且非试不可！"卡内基以坚定的口吻和具有说服力的理论说服了合伙人，签订了承造契约，随后他们加紧开工。一次，铁路公司的董事长到现场视察，他看到地上有很多铸铁制的铁桩，就对卡内基说："想把这些笨重的铸铁竖起来，就已经很困难了，要让笨重的火车在上面行驶，更是不可能的事。"他的这番说辞没有动摇卡内基，后来，铁桥不但架设完成，而且列车在上面可以用与路面上同样的速度奔驰。这些无可争辩的事实摆在眼前时，铁路公司的董事长也不得不改变原来的想法。桥梁制造的工作一直令卡内基十分满意，其他从事于架设铁桥的公司全都失败了，只有他们受到全国的肯定。

除此之外，卡内基又创立了一家铁桥制造公司。他请了斯科特先生与他合伙，斯科特也答应了他。卡内基抱着十足的信心与希望，等待着他的事业逐渐成长。

由于卡内基的大胆首创，美国的铁桥制造史正式开启了，卡内基也由此成为全世界铁桥制造的始祖。他的这个称谓可不是随随便便得来的。当时很多其他公司也制造铁桥，但当火车行驶到中央时，铁桥会像融化的软糖一样塌下去，有的甚至连火车一起坠落到河里；有些桥被强风一吹，就弯曲了方向。只有卡内基公司架建的铁桥，从来没有发生过这种事故。

这并不是卡内基的运气好，而是他们采用的全是最好材料，如果他们无法承造，或要求他们做科学上也无法支持的铁桥，卡内基干脆拒绝。

卡内基的公司成功的另一个秘诀是，上至董事长，下至最底层员工都能同心协力地工作。卡内基为了要在公司里贯彻这一理念，订立了三大目标，那就是：清洁的工厂、整齐的材料、美丽的广场。大家能够在一个愉快的工作环境中增强对企业的凝聚力。

1868 年，真的出现了一家铁路公司想在密西西比河上架设一座铁桥，很多的桥梁制造厂都急欲争取到这项工程。卡内基觉得这个项目他势在必得，可最后，这个项目竟然被一家芝加哥的公司抢到了。结果公布以后，卡内基并未立刻离开，他走过去和那家获胜的公司中几位重要人物谈话，发现他们竟完全不懂得铸铁和锻铁的差别。卡内基的公司在铁桥的上层都是使用锻铁，可是得标的公司却用铸铁，卡内基就以这个话题对他们说："如果是用锻铁制造，即使在河上往来的蒸气汽船撞到桥墩，由于它有弹性，顶多只是弯曲而已，但如果是铸铁制造的话，它就会断裂，甚至会坠入河中。"

在旁边有位先生一听后就说："我也这样想，两天前的一个晚上，我的马车奔驰在幽暗的街道上，一不小心撞到了路灯杆，路灯杆立刻就折断了，正是因为路灯杆是铸铁做的。"

这时候卡内基暗中感谢上帝的安排，他一定要好好地把握住这个机会。

"各位，希望你们再考虑一下，是否应该多花一点钱制造锻铁桥。万一汽船撞到桥墩，桥梁也安全。我们就从来没有承造过廉价的铁桥，以后也不会这么做，所以我们造的桥绝对安全。"卡内基从容地对他们说道。

卡内基说完，大家都沉默下来。经过内部的一番商讨，最后铁路公司董事长出面对卡内基说："我们决定把铁桥的工程委托你做，不过你可不可以稍微便宜一点？"

卡内基看他们所要求的价格与他的估价仅仅相差几千美元，便欣然同意，双方顺利地签订了承造契约。

说起来，这还全靠那根被马车撞毁的路灯杆帮了大忙。

卡内基的公司将要在密西西比河上架桥的消息很快就传遍了整个美国，卡内基一夜之间声名大噪。

另辟蹊径

"一切的财富，一切的成就，最初都只是一个念头而已"，成功后的卡内基对自己的成功经历作了这样的总结。的确，从他的成功经历来看，他所取得的成就与他的敢想敢干是分不开的。他总能先于别人预见到这个世界未来的发展趋势，然后第一时间把想法和对策变成现实。在风云变幻的美国商界，他的这种敏锐的嗅觉是他构建未来财富王国的关键。

桥梁制造厂是卡内基花费全部精力创立起来的事业，可以说它是卡内基后来创立的所有公司的总公司。当他的桥梁制造工厂的工作逐步进入轨道之后，其他人也都知道了使用锻铁制造铁桥比铸铁更为优异，因此其他的桥梁制造工厂也逐渐开始采用锻铁了。

于是卡内基的公司为了走在其他公司的前列，想要制造当时还不容易生产的高级铁材，因而决定创立制铁事业。首先，他买下了一家小型炼铁厂，由他和弟弟及汤姆·米勒、亨利·菲普斯、安德鲁·克鲁曼5人共同经营。

安德鲁·克鲁曼是一位了不起的机械工程师，能够制造最优良的车轴。他在阿勒格尼市设有一家小型铁厂，是个有抱负，做事讲原则的人，他认为凡是有价值的工作，一定要全心全意做好它，否则就没有任何意义了。他做任何工作都特别讲求完美无缺，所以他制造的东西虽然价格昂贵，使用起来却坚固无比，非常耐久。同时，他也是一位很有天分的发明家，他不但发明了能切断铁材的锯子，同时也创造了架设铁桥时所必要的装置，以及各种方便的机器。他们的工厂便大量生产这些机器或工具，供应给一般的市场。

另外一位合伙人亨利·菲普斯是一位懂得利用金钱的人，几年前，他曾赠送了两个规模宏大的植物园给阿勒格尼市和匹兹堡公园，不过他有一个附带条件：这两个植物园星期日也必须开放。当时所有的公共设施星期日都不开放，亨利先生加上这么一个条件，目的是要使一般劳工大众在忙碌了6天之后有接触大自然美景的机会。当时虽然遭到当地教会牧师的反对，但最后还是按照他的办法实行。

卡内基的炼铁事业也曾遭受许多困难。事业刚起步的时候最令他们困扰的问题是，他们一直弄不清楚每一个制造过程究竟要花多少经费。向同业们打听，也问不出个所以然来，这似乎是一个很盲目的买卖，他们像无头苍蝇似的乱撞。从原料的购入到产品的卖出，完全处于混乱状态，直到年底清点存库和核对账簿的时候才知道盈亏。卡内基认为没有科学的管理方法是不行的。他开始大力整顿，工厂逐渐改变了那种不周密的管理方式，贯彻了各层次职责分明的高效率概念，由此大大提高了生产力。卡内基认为，对制造业来说，成功的要素是要建立一个完整的计算系统，并严格遵守，而且也要让每一位员工意识到他对金钱和资材应负的职责。

由于他们对计算制度的改进，终于发现把大量的铁材一次加热会造成很大的浪费。这项发现应该归功于克鲁曼的一位远亲布伦。有一天，他拿出了定期的详细调查报告，这份他每天晚上自动详细调查、观察记录的完美报告使卡内基等人大吃一惊。由于他的工作勤奋，后来也成为董事之一，并且成了一个百万富翁，他能够拥有这份财富，绝非偶然。

1862 年前后，宾州发现了油田，引起了世人的注目。卡内基的朋友威廉·柯尔曼先生对探勘油田极为热衷，卡内基禁不住他的一再邀请，被半强迫地带到油田地带去。那是一次非常愉快的旅行，从四面八方拥向油田地带的人络绎不绝，以致连能歇脚的旅店都找不到。大多数人一来到此地就很快地搭起一间简陋的小屋，并且买进很多日用品，一副要长期驻守下去的架势。他们多半是中产阶级，本身也有相当的储蓄，对于这种寻宝行动，他们多少带点猎奇的心理。

这里每一个地方都听得见开朗的笑声，人们好像是在享受大规模的野餐会一样，每个人脸上都充满了欢乐的喜悦，好像已经进入了宝山，只要伸手就可以获得珠宝似的。卡内基把目光从这群欢乐的人群中移开，转向了河川的方向，他发现有两个男人站在岸上，不断地踩踏一种钻油井的踏板。在他们旁边的油塔上面插着一面旗子，旗上写着："向地狱去，向中国去，不管到哪里！"他们不断地拼命往下挖，就是挖到地狱也好，挖穿地球直达背面的中国也好。真是疯狂至极，卡内基心想。

说起来，美国人的适应性在这个地区表露得最为明显，原先是一片混乱，没过多久就变得井然有序了。后来当他们再度访问这个地区时，当地还派出一个乐队来欢迎他们，而这支乐队就是散居在河岸的新居民所组成的。那个曾经荒凉的小部落逐渐发展成为有数千人口的乡镇。当时运输石油都是从油井直接注入平底船内，由于船底会漏，所以运到匹兹堡后，往往会流失掉三分之一，使得河川上游的水潭和阿勒格尼河的水面都布满了一层厚厚的石油。在以前石油还很稀少的时代，印第安人把它装在瓶子里，以一瓶一美元的高价出售。当时世人相传这种瓶装的东西对风湿病有治疗效果。

当时最被看好的油田是在史托利农场，卡内基等人以4万美元的价格买下了它。柯尔曼先生马上提议在油井旁边建造能够容纳10万桶石油的贮油池，据他预料，不久后那些石油就会停止喷出，到时候他们就可以把贮油池内的石油拿出来卖，说不定一桶能卖上10美元。

但是没有想到，地底下这个大自然的贮藏池却是无限量的，虽然每天生产数千桶之多，仍不见有枯竭的迹象，因此他们损失了大量的石油，最后不得不半途放弃了建造贮油池的计划。不过他们对油田的投资却获得了极大的成功，第一年就有 100 万美元的净利，当这块油田被评定有 500 万美元的价值时，卡内基把油田卖掉了。当初仅仅 4 万美元的投资，竟带来 100 倍以上的利益。而且这项意外的利益来得恰是时候，他们正在为匹兹堡建立新厂而筹集资本，这次赚到的钱很快就有了它的去处。接着他们又在俄亥俄州开凿了另一处油田，它所出产的原油和一般的不同，因而他们利用它来制造润滑油。

随着卡内基各方面投资事业的逐渐扩大，他必须花费较多的时间和精力来集中管理，因此他决定辞去宾州铁路公司的职位，以便全心全意经营自己的事业。

在此之前，董事长汤姆逊有意推荐他为副总经理，卡内基婉言拒绝了他这番好意，因为当时他心中正构建一个新的目标：一定要成为大富豪。而铁路公司的薪水再怎么优厚，也无法实现这个愿望。此外，卡内基还觉得这样瞒着公司偷偷地经营自己的事业，实在有点过意不去，因此才决定要光明正大地闯出自己的天地。

卡内基就把自己的想法坦率地告诉了汤姆逊，并请求辞职。没想到汤姆逊不但答应了他的请求，还诚挚地祝福他前途无量。

1865 年 3 月 28 日，卡内基辞去了铁路公司的职位。当天铁路公司的员工赠送卡内基一块金表作为纪念，卡内基非常感动，他一直妥善地保存着这块金表，以及汤姆逊先生寄给他的亲笔信，这些都是他终生的纪念。

从此以后，卡内基就不再是为薪水而工作了，他认为遵从他人命令工作的人，只能在极为狭窄的范围内活动。如果想要发挥自己的天赋和才能，首先必须让自身自由、独立起来，无论过程是如何艰难困苦。

获得自由的卡内基一心要大展拳脚，但在此之前，他想先去欧洲旅行一趟。这次旅行不仅是给他自己辛勤工作多年的一个慰劳，同时也是全身心开创自己事业的一个开始，想要在这个世界成就一番大事，那首先就要了解这个世界。卡内基的这次旅行，有可能是他的事业走向成功的开始。

由于当时的一股石油热，财经界人士大为轰动，股票像发射出去的火箭急速上升。一个星期天，卡内基和友人万迪瓦特躺在草地上交谈，卡内基问："如果你现在赚到3000美元，是否愿意和我到欧洲去旅行？"

"你这个问题就好像在问我鸭子会不会游泳一样。"他是在告诉卡内基：你说的根本是废话。

于是卡内基立刻让他去购买热门的石油股票，这使他一下子就赚到了3000美元，因此他们的旅行计划可以实施了。他们又去邀请了当时已经是大富翁的亨利·菲普斯，1867年，卡内基和亨利、万迪瓦特一起再度回到英国。他们不但走遍了苏格兰，同时还邀游了整个欧洲大陆。他们访问了欧洲各国的首都，攀登了每一座高峰，他们在山顶上过夜，背着登山袋漫步或徜徉在草原上。他们还在伦敦、罗马的剧场欣赏了优美的管弦乐演奏及歌剧。一路上充满了新奇、美丽的见闻，最后他们在意大利的维苏威火山上结束了这次的旅行。在那里，他们决定将来要去环游世界。

这次的欧洲之旅使每个人都大有收获。过去卡内基对于绘画、雕刻一无所知，经过这次旅行后，卡内基已经学会了如何去欣赏那些作品。卡内基对音乐的鉴赏能力也因为这次旅行而有所提高。这次旅行改变了他的审美观念，提升了他的品位。

而这次旅行还有一个令卡内基意想不到的收获，那就是他带回了堂兄乔治。当时乔治正在格拉斯哥大学念书，他希望到卡内基的公司去制造焦炭。在此之前，美国一般工厂都把能制造出焦炭的煤炭层当作废物丢进河里。乔治到了卡内基的公司后，就把这种热量极高的焦炭做成燃料。在美国，这个由卡内基的公司开创的新型燃料，可是当时的一大创举。这项应用又一次使卡内基名声大噪。

事业的扩展

纽约在美国的地位就像英国的伦敦一样，全国所有首要企业的总部都设在那里。随着卡内基的事业一再扩展，事业的重心也逐步向纽约转移，因此，他必须经常到纽约去。那时候，弟弟汤姆刚和柯尔曼的女儿结婚，因此卡内基把位于匹兹堡郊外的房子让给了这对儿新婚夫妇，同时把匹兹堡的工厂也交给汤姆管理。卡内基带着母亲到了纽约。母亲对于住惯了的家恋恋不舍，但是为了儿子的事业，她还是心甘情愿地跟随卡内基到了这个陌生的城市。卡内基订下了圣尼古拉斯旅馆里的长期租约。由于工作的需要，他经常要乘坐列车频繁往来于匹兹堡和纽约之间。同时，他在美国中西部地区的铁桥生意的订单也越来越多。

卡内基到纽约来首次接办的大工程，是要在科冈地区架设全长 700 米的密西西比河铁桥，这个工程在技术方面十分成功。但是由于当时美国经济情况不佳，所以卡内基没有寄予太大的希望，所幸最后并没有亏损，反而还赚了一点小利润。

由于科冈铁桥的建造获得各方的佳评，接着又有人计划请他们在圣路易市的密西西比河上架桥。但是这家公司没有钱，因而向卡内基提出了一个棘手的要求，希望卡内基能够募集建造的基金。1869 年春天，卡内基到伦敦拜访在旅行中所结识的银行家朱尼厄斯·摩根先生，卡内基向他说明整个计划之后，摩根就将这笔卡内基需要的经费全部借给他。

那时的卡内基已经有了足够的积蓄，因此也渐渐想做些对社会有贡献的事，他曾在日记上写下了他的目标，他以后的生活信条也是从这里慢慢萌芽的。

我现在一年有 3 万美元的收入，两年之后，将会年收入 5 万美元。但我不想赚得更多，也不再努力去增加更多的财富。

如果将来我有 5 万美元以上的财富，那超过的部分我要把它用于社会福利事业，除了对别人有益的事之外，绝不再做其他的事情。

到时候我要前往牛津深造，发奋读书。同时花 3 年的时间去结识一些有修养的人，然后我要搬到伦敦，专心去经营报纸和杂志。我要尽力提倡公共利益，尤其对改善穷人的生活及教育方面，要尽力呼吁政府或社会给予援助。

人们总是敬爱或崇拜偶像，但是那些拼命敛财的人，最不足称道，因为世界上，再也没有比崇拜金钱更会使人品败坏的事了。

到了 35 岁，我要从实业界引退，以有计划的读书来消磨午后的时光。

由于受到南北战争的刺激，政府终于通过了建设大陆横贯铁路的法案。铁路需要将大西洋和太平洋两岸连接起来。因为国土连接在一起，才能促进全国人民的交流和经济的发展。获得消息后，卡内基写了一封信给斯科特先生，表示他们应该取得西岸加州的铁路卧铺车制造权。斯科特先生立刻回信，信中说："你真是不错过任何机会的人。"

卡内基得到斯科特先生的支持，就马上开始向联合太平洋铁路公司推销卧铺车订购的工作。但是此时，一家同样制造卧铺车的普尔曼公司的介入，阻碍了卡内基的推销工作。

乔治·普尔曼家族以橱柜生意起家，普尔曼最初在芝加哥从事马车木匠的工作，由于乘坐过伍德拉夫的卧铺车，对这种卧铺车产生了兴趣。不久，他就和地方的小铁路合作，将普通客车改为卧铺车，深受芝加哥商人的赏识。后来美国发现金矿，普尔曼便放下卧铺车，带着铁铲去挖金矿，同时在当地开了一家工具店，赚的钱比挖金得来的还要多。存够了丰厚的一笔钱后，他再度回来投资卧铺车。而他的公司位于世界最大的铁路中心——芝加哥，虽然起步较晚，但成就也早已超过卡内基。他几乎和卡内基同时注意到横贯大陆铁路的事，当卡内基着手进行时，他已经到处布满了自己的经销网。

一天，卡内基结束工作回到圣尼古拉斯旅馆吃夜宵，他选了一处安静的角落独自看着报纸。这时，在他对面的一个角落里，与他年纪相仿的普尔曼正在享用点心。当这位绅士吃完点心打算离去时，卡内基走了上去。

"你好，普尔曼先生，我是安德鲁，你也住在这里吗？"卡内基打了个招呼说。

"是的，只要到纽约来，我都是住在这家旅馆的。"

"你的工作进行得很顺利吗？"卡内基说。

"哦，你是说向联合太平洋铁路推销卧铺车的事吗？刚刚我就是去联合太平洋铁路公司，在那里发生了一件有趣的事呢。当我被引进董事长杜拉顿的办公室等候他时，突然在桌上看到一封电报电文，收报人就是你的朋友斯科特先生。其中电文写着：你所建议的卧铺车，我已同意。……后来，杜拉顿走进办公室来，我就向他请求能否暂时延期发出那封电报，直到他对我所提的问题都得到了令他满意的答复为止。当时杜拉顿回答说：'你看别人的私信是不对的，但是既然被你看到了，而你说的也不是没有道理，我决定不打这封电报了。'说完，他就当场撕掉了那封电报稿。"

"啊，撕掉了……"卡内基好失望。

卡内基绞尽脑汁，突然，他想到了一个对策：既然和这位强敌竞争可能会吃亏，为什么不能跟他合作呢？

想到此处，卡内基从容地向他建议："普尔曼先生，我们不必做这种无谓的竞争，我想我们应该以合作的方式向联合太平洋公司提出承建合约。"

"什么样的合作方式？"普尔曼先生似乎很惊讶。

"就是我们两家公司合作起来，另外创组一个公司，然后向联合太平洋公司提出联合制造的方案。"

"对，这倒是一个很好的构想，那么公司应该用什么名称呢？"

"就叫普尔曼豪华客车公司吧。"儿时以小兔子的名字转让权来获得兔粮的记忆瞬时在卡内基脑海中闪过，他投其所好地立刻回答。

这句话正说中普尔曼的心意，他十分满意，立刻拍着卡内基的臂膀说："来，到我的房间来，我们慢慢商量吧。"

就这样，普尔曼豪华客车公司成立了，并和联合太平洋公司签订了许多制造卧铺车的契约。

普尔曼曾经购买了伍德拉夫和卡内基等人创立的卧铺车制造公司的股权，最后他独立组织制造卧铺车的公司。他这种做法已经侵犯了伍德拉夫的专利权，他们曾经一度想控告他，然而这种审判多半要拖好几年，而且在打官司期间普尔曼公司可能会大为发展。因此，卡内基早就有彼此合作的构想，如今在圣尼古拉斯饭店，卡内基终于做到了。

他们合作得非常顺利，公司不仅取得了大陆横贯铁路的卧铺车制造权，后来又得到大西洋沿岸所有宾州铁路干线的卧铺车制造权。直到1873年，美国经济出现了不景气的迹象，卡内基为了保护自己的钢铁公司而放弃这份股权，而在此之前，他一直都是这家公司的大股东。

当初卡内基交给弟弟和菲普斯经营的基斯敦桥梁制造厂经营得十分顺利，渐渐地具备了完善的设备和相当的规模，已经成为全美国第一流的制铁工厂。

这时候卡内基在西部各州已经营了几条铁路的建设事业，由于不景气的原因，卡内基便开始逐渐退出铁路建设事业，想专门从事制铁事业。当时卡内基的经营方针就是：把所有好的鸡蛋全都放在一个篮子里，然后集中全部心力注意着这个篮子。这和一般人信守的"不要把所有的鸡蛋放在一个篮子里"的经商法则恰好背道而驰。卡内基下定了决心，以后不再经营别的事业，专心从事钢铁的生产。

卡内基相信不管做什么事，能获得成功的真正方法就是不要分散精力，专心集中于一件工作。就他的经验而言，没有一个人能同时参与各种行业，还能获得辉煌成果的，尤其制造事业更是如此。

制铁事业并非一直都很顺利，它也有不景气的时候，他们曾经遭受很大的威胁。紧随着南北战争结束后，美国的经济越来越不景气，铁的价格暴跌，卡内基的很多关系公司也相继破产倒闭，这使他受到了很大的打击。这件事让卡内基明白：创立事业是非常艰难的，事业处于高峰时绝不能得意忘形，应该为不知何时会来临的不景气多作准备，才能临危不乱。

开阔眼界

卡内基从小就很喜欢读书、看戏、听音乐。长大以后有机会到国外去旅行，又迷上了参观美术馆、欣赏名画和雕塑。卡内基虽然不写小说，不过在他一生当中，曾写了好几部游记，直到今天，他的那些游记依然畅销不衰。

在经济恐慌时代，卡内基的好伙伴安德鲁·克鲁曼辞掉了制铁厂的工作而转到别的行业去了，于是他们便邀请一位威廉先生补缺，负责制铁厂的管理工作。

威廉是来自德国的移民，起初他是在制铁厂内从事最底层的工作，薪水很低。但是他在工作上十分认真勤勉，很快地就受到卡内基等人的注意，因此他们就请他加入。

威廉是一位风趣而富传奇性的人物，自从他负责监督制铁厂以来，工厂的业绩蒸蒸日上。几年下来，卡内基看到他有过度疲劳的迹象，就让他到欧洲去旅行。他出发旅行的第一站是游览华盛顿，然后到纽约，顺道拜访了卡内基。

"明天是不是就要到欧洲去了？"卡内基问他。

"不，我不想再去旅行了，我希望立刻回到匹兹堡。"威廉答道。

"为什么？"卡内基问。

"我爬上华盛顿纪念塔时，看到铁架上有我的制铁厂的名字，在火车站等车时，也看到旁边的铁桥中间印着这个名字，所以我很想立刻赶去，看看制铁厂是不是仍照样地在好好工作。"威廉就是这样负责的一个人。当然，那时候卡内基责怪了他两句，要他继续去旅行，最后他只好照卡内基的意思到欧洲去了。

他从欧洲回来之后，正赶上卡内基到匹兹堡去巡视工厂，他来到卡内基的身边说有话要对他说，但是不愿意告诉别人，于是两人来到了一处安静的地方。

"我有一位童年时代的朋友，现在已经成为大学教授，这次到德国游览时，我在他家住了 3 天，他的妹妹十分友善而亲切地接待了我。当我要回来前，送给了她一份小小的礼物，回来之后，她写了一封道谢信给我。我也给她回信，就这样我们开始了书信的来往……有一次我在信上向她求婚，她是受过教育的人，而我却没有受过任何教育，我原以为没有希望的，不久前她在回信上竟然表示答应了。这真使我欣喜若狂，立刻写信请她到纽约来，我会去接她。可是她的哥哥却来信要我再到德国去，然后在那里结婚。但我不能远离制铁厂，卡内基先生，我该怎么办？"威廉窘迫地说道。

卡内基笑了，以平静的语气说："你当然应该回到德国去，制铁厂方面你不必担心，我会注意的。他们这么要求你也是应该的，你立刻就去，把她带回来，我会做好一切准备欢迎你们。"

当他们谈完话要分开时，卡内基又补充一句："威廉，我想你未来的太太一定是位美丽、身材修长、皮肤白皙的德国女郎吧。"

"哦，不，卡内基先生，她稍微胖一点。如果可以用工厂的机器把她压得瘦一点的话，我一定会把她压一压。"威廉幽默地说道。听到这句话，卡内基忍不住大笑起来。

在生意上，和卡内基竞争的公司很多，他们对卡内基等人极为轻视，即使卡内基的公司已经制造了钢质铁轨，其他的公司仍认为他们不会成功。他们雇请了很多推销员，让他们用最低廉的价钱到全国各地去签收订单。当那些竞争公司发现这件事时，卡内基已经收到好几家大规模铁路公司的订单了。就这样，卡内基建立的钢铁公司很顺利地起步了，开始时，每个月能赚取1.1万美元的净利，这是相当惊人的记录。

取得这样的成就，卡内基可以放心了，便向公司请假，准备实现他计划了很久的环球旅行。卡内基邀请了以前一起到欧洲旅行的老朋友，他也很高兴地与卡内基同行。

卡内基为这次旅行准备了很多笔和笔记本，以便随时记载所见所闻。旅行回来之后，他把旅途中的见闻影印了几份送给朋友们。朋友们的赞赏大大地出乎了卡内基的预料，有一部分文章还出现在报纸上。有一天，一家出版社提出希望能够出版发售卡内基的旅游见闻，卡内基很高兴地答应了。就这样，他的著作《环游世界》，正式公诸于世，而他也成为一个具有"作家"身份的人了。

在当时那段时间，正是斯宾塞和达尔文备受世人瞩目和推崇的时代。卡内基一直对他们的著作怀有浓厚的兴趣。在旅行途中，他以进化论的立场，实地观察人类生活的各方面。不仅如此，他还研读了中国的孔子及印度的佛学等著作和典籍。

这次旅行使卡内基心灵上获得了宁静，发现了混乱世界中隐藏的秩序。同时，卡内基也发现世界各地的人民，都认为"故乡是自己最好的家"，大家都认为没有一个地方可以和自己的诞生地或一生所度过的地方相比。从与各地居民的谈话中，他感受到，不管生活得如何，他们的确深爱着故乡的土地。有一次，当卡内基到达斯堪的纳维亚半岛，从湖畔眺望到对岸的丘陵，看见零散地排列着两三间小屋，其中还有一栋美丽的二层楼房正在兴建中。卡内基问导游："那栋新的楼房是做什么的？"

导游认为卡内基这个问题问得太好了。他说："那是一个有钱人的家，他原先出生于此地的一个部落，长大后到外地去赚钱发了大财，现在要回到这里来度过他的晚年生活。"

"如果那么有钱，应该找一个更温暖、环境更好的地方去定居才对呀，或许是他根本不知道世界上还有更好的地方吧。"

"不，他曾经告诉过我，他去过纽约、伦敦、加尔各答、墨尔本以及世界其他地方，可以说地球上没有他没去过的地方。"导游说。

"哦，那这个人为什么晚年一定要回到这里来呢？"

"这当然啦，因为再也没有比家乡更好的地方了。"导游回答。

在外乡人看来，在这个一年中有 6 个月都是黑夜的地方生活是多么不方便！可是对这位富豪来说，这才是一个温馨而甜蜜的家。

钢铁大王的诞生

危难与机遇共存

卡内基越过大西洋来到欧洲进行了长达半年多的旅行和考察，此行收获颇丰。他买下了道兹兄弟的钢铁制造法的专利和焦炭洗涤还原法的专利，为事业扩展奠定了技术基础。回到美国后卡内基干劲儿十足，他建造了世界上最大的熔矿炉，开始了钢铁事业。

卡内基的成功除了好学、勤奋、具有经济的头脑和高瞻远瞩的视角外，还有一点尤为重要，那就是他相信科学。无论是企业的管理，还是工厂的生产；无论是项目的最初设计，还是最终实施，科学的理念自始至终贯彻着他所经营的各项事业。19世纪60年代起，美国的钢铁生产经营极为分散，从采矿、炼铁到最终制成铁板等成品，中间需经过许多厂家，其中加上中间商在每个产销环节的层层加码，致使最终产品的成本居高不下。卡内基深知传统钢铁企业的这些弊病，他决心建立一个面目全新的，包括整个生产过程的供、产、销一体化的现代钢铁公司。到了19世纪70年代，他意识到，钢铁时代已经来临了。

桥梁制造厂由于架桥的需要，都是生产锻铁，这是一种含碳量少的精制铁。后来，卡内基决心开始制造铣铁，这是一种粗制钢铁，是制钢的原料。1870年，他们建立了一处熔矿炉，以卡内基弟弟汤姆的妻子的名字命名，称为露西炉。这座熔矿炉高22.5米，像一个高大的怪物耸立在匹兹堡。建立露西熔矿炉耗费了一笔庞大的资金，超出预算两倍，很多投资者都提心吊胆，生怕把老本赔进去，当时有位业界的前辈就曾劝告他们应该延期展开这一事业。

那一时期的美国对利用化学方法可以制造铣铁一无所知，事实上，再也没有比制铁更需要利用化学技术的了。那时候熔矿炉的技术员都是靠感觉来判断炉内的情况。卡内基听说当时的欧洲全都采用化学方法制铁，于是，他想在自己的工厂进行实验，他聘请一名德国学者，由他检验买进的矿石、石灰石和焦炭的品质。结果他们发现过去一直被评为品质优良的矿石竟是含铁量极少的废物，相反，过去被认为是废料的矿石却是纯度极高的良质矿石。好坏的价值完全颠倒了，还有很多情况也是一样，科学技术的引进颠覆了很多他们旧有的错误观念。由于化学知识的改进，从此，铣铁制造工程逐渐走出了无知的黑暗。

但是化学方式制铁容易使熔矿炉发生故障，因为用优良的矿石取代了过去的废料，优质矿石中所含的成分也随之倍增，要熔化其中的成分，必须投入大量的石灰石，而落后的设备无法承受新的优质材料，以致熔炉逐渐无法负荷。

所幸随着时间的流逝，这些初期遭遇的难题都迎刃而解了。熔矿炉每天可生产 100 吨的铣铁，生产量竟出乎所有人的意料。这种产量在全世界是一项空前的奇迹，而他们一直保持着这个纪录，有很多人慕名前来参观，他们也都感到十分惊讶。科学的经营方法终于使他们超越了那些一直抱着陈旧思想而不求改善的制铁工厂，露西熔矿炉也就此成了卡内基事业中最有力的部分。

1872 年，他们又建造了另一座熔矿炉，建造费用比起第一座熔矿炉经济得多。从此以后，他们便以低廉的价格买进其他制铁工厂摒弃不用的"低纯度"矿石，再利用科学技术，变魔术般地把它们制成品质优良的铣铁。

卡内基还买下了一座在当时人眼里毫无价值的矿山。根据卡内基手下技术人员的化学分析，得知这里的矿石硫黄含量少、矽含量多，只要适当地熔化，就可以制造品质最优良、含铁量最丰富的罕有产品。这个结果让这座原先一度被废弃的矿山一夕之间声名大噪，卡内基也因此获利。

长期以来，卡内基一直忽略了英国贝西默先生发明的周转炉（可以旋转、倒转的炉）制钢法。钢这种东西比铁硬，而且富有弹性，用途非常广泛。如果贝西默的制钢法能够普及，铁的时代就会成为过去，而由钢取代它的地位。卡内基有一位朋友约翰·赖特先生，他比卡内基更早注意到这件事，便曾专程到英国和贝西默签订契约，而建造了新的熔矿炉。这是非常正确的判断，不过当时贝西默制钢法还是属于试验期间，无法生产预期的制品，同时费用也很庞大，结果约翰·赖特失败了。

卡内基看到这种情形，也就不急于马上采用贝西默制钢法，而开始制造铁与钢的中间产品，也就是制造硬头铁轨。硬头铁轨就是直接和车轮摩擦的部分，是以特殊方法制成以保持硬度。当时不仅是宾州铁路，其他很多铁路公司也都被迫更换铁轨，而且事态非常紧迫。因为在某地的转弯处，每隔六周就必须抽换一次新轨，最长也不得超过两个月，不但费用庞大，而且也很麻烦。因此卡内基决定到英国去一趟，买下了道兹兄弟的专利权，他的发明是把铁轨顶部加以碳化，以减少损耗。卡内基回来以后就在他们的制铁工厂旁边另外建造了一座熔矿炉，把宾州铁路数百吨的铁轨加以碳化处理，制成硬头铁轨。他们把硬头铁轨安装在一些急弯的铁道上，进行实验观察，结果证明其耐久力相当强，的确是一项重要的发明。

不久之后，卡内基再度到英国时，看到贝西默制钢法已经进入实用阶段。于是，1873 年 1 月，卡内基和他的朋友们共同在匹兹堡创立了钢轨制造公司。

当他们的公司逐渐有了基础之后，却遇到了 1873 年的经济恐慌。这在卡内基的企业生涯中，可以说是最不安、最黑暗的时代。他们的公司虽然平安无事，可是和他们有生意来往的公司却一家一家地倒闭了，因此使他们也受到了很大的影响，经营得十分艰苦。同时，公司的资金难以周转，就连员工的薪水也无法支付，卡内基不得不在纽约市到处奔波借钱来应对困境。

此外，有一些本来谈好要出资的人，后来由于某种原因无法参加，使卡内基不得不自己购买那些股权，也就是这个原因，使卡内基掌握了公司的支配权。

这时候，由于卡内基在实业界相当活跃，有一些老前辈就在暗地里评论卡内基："安德鲁这个人不是靠实力，而是靠运气来建立他的将来与成功的。"对于这些闲言闲语，卡内基只是一笑置之，世界上没有哪件事的成功是靠运气的，那些平时积累不够的人，是无法把握成功的机遇的。而世界上只有母亲最了解卡内基了，不论别人怎么说，只要母亲相信他就够了。

卡内基的事业能够在危难时期依然屹立不倒，还要归功于他贫寒的出身，因为多年生活的磨炼使他能够从容地面对更多的挑战。从底层社会走上来的人，为了改变自己的命运更善于打破常规，也更了解普通人的情绪和心理，因此，他善于用人，也喜欢跟普通人打交道。而这些品质是成功的关键，很多出身优越的孩子是很难获得的。卡内基认识一位贵族子弟，他很有能力和才智，被认为是政界的新锐之一，只是想法过于陈旧，因此似乎无法使自己更能发挥所长。这可能是他的身份高贵，并未经过任何困难就获得参议院的议席的缘故。如果他身为劳工阶级的子弟，而在众议院得到议席，那他可能会因为在人生的波澜中历经过的磨炼而成为更伟大的人。

有一天，这个贵族子弟来找卡内基，一进门就对卡内基说："我要你辞退你的秘书。"

卡内基不知道他突然说这一句话是什么用意，于是反驳他说："你不觉得这个要求太过分吗？这位秘书是我的得力助手，到底他什么地方得罪了你？"

贵族子弟就把一张信封递给卡内基，很不愉快地说："我昨天收到你的这封信，是他代笔的，你看他把我的名字写错了一个字母，像这样粗心大意的人，你还能继续用他吗？"

"这真是对不起，不过如果换成我，我不会介意。假如为这种小事情发怒，那我这一生就不好过啦。"卡内基每天总会收到很多的信件，其中有不少人会把他的姓名拼错，有的写成卡禄纳基，也有的写成卡隆基……离谱得叫人啼笑皆非，但卡内基从没为这种小事在意过。但这个贵族子弟对这件事却十分认真，为了这些芝麻小事就伤脑筋的人，怎么能成大器呢！纵使他的才能有可取之处，可是这种骄傲、任性的个性也无法使他成就大事。

卡内基总会很坦率地劝他说："你去参加众议院议员的候选如何？当然喽，你必须先放弃你的贵族地位和权利，这样你才能成为公平正直的大众领导者。我相信，只要你能下定决心去做，将来也会成为首相的。"可是贵族子弟并没有回答。卡内基想他可能是舍不得抛弃优越的贵族生活吧。

伤痛与慰藉

卡内基的事业如日中天，不仅在美国，他的声名早已远播到欧洲。他的故乡邓弗姆林也为卡内基的成功感到骄傲，而卡内基的慷慨捐赠也令邓弗姆林倍感自豪。1877 年 7 月，故乡邓弗姆林特别赠送给卡内基"荣誉市民权"。对卡内基来说，这是他有生以来获得的最高荣誉。卡内基向故乡捐献了图书馆，并计划着为母亲玛格丽特安排一次环英格兰的旅行，同时可以答谢故乡的荣誉授予。当他们母子一行到达故乡邓弗姆林时，当地举行了盛大的欢迎仪式。

在军乐队的导引下，一小队警官为他们的马车开道。他们要为卡内基捐赠的图书馆奠基，奠基仪式非常隆重，当地的人们还要在建筑物上雕上卡内基先生的世袭家徽。在图书馆的建筑用地上，巨大的基石安放仪式即将举行，乐队奏着优美轻快的乐曲，典礼现场热闹非凡。那天，玛格丽特十分开心，在宽阔的建筑用地中央，她在基石上方做了三次抚摩的手势，然后以震惊四座的洪亮的嗓音喊道："神啊！请保佑这座图书馆，以及我的孩子。"这一次，他们母子玩得非常愉快，那时的玛格丽特精力充沛，说话中气十足。而卡内基万万没有想到，那次旅行，竟成了她与故乡的诀别。

1886 年，是卡内基一生中最哀愁的一年。那一年伤寒肆虐，很多人因感染了伤寒而丧命。由于工作频频外出，卡内基不小心染上了风寒，没过多久，他又接到母亲患病的通知及住在匹兹堡的弟弟也同时发病的消息。

当时卡内基的病况十分严重，四周的人都以为他没有救了，没想到他的病逐渐有了起色。可就在这个时候，卡内基的母亲和弟弟在短短的两三天之内却相继去世了。大家怕卡内基受不了伤痛的打击，于是瞒着卡内基，直到他的病情开始好转。当卡内基听到这个噩耗之后，他简直不能接受，曾经一度想结束生命。在他的生命中，无论经历什么，都是与家人们共同携手走过的，从来不曾分开过，现在也不应该分离才对。现在那个充满温情的家庭不在了，卡内基变成了这个世界上孤独无依的人了。

在卡内基最悲痛的那段日子里，他最大的希望和寄托就是露易丝·惠特菲尔德小姐。卡内基认识她已经有好几年了。从几年前开始，他俩就常骑着马在纽约中央公园散步，他们都很喜欢马，对骑马出游兴致勃勃。当然卡内基也还认识了不少其他的女孩子，不过自从出现了惠特菲尔德小姐之后，别的女孩子就都从他的脑海里消失了，最后唯独留下她的倩影。

惠特菲尔德小姐是一位温柔美丽的女性，过去卡内基曾向她求过婚，但没有成功。因为除了卡内基之外，她周围还有很多比卡内基英俊的年轻追求者。另一个原因是卡内基巨额的财富，他没有想到，财富竟然成了他失败的关键。因为在惠特菲尔德小姐看来，卡内基什么都不缺乏，要什么有什么，她没有能够帮助卡内基的地方，无法使他比原来更幸福。她似乎要选择一个正处于奋斗阶段的男性，使得她能有发挥自己才能的机会。她曾经把卡内基寄给她的所有书信全部退还给他，并且告诉他不要再提结婚的事了，到了这个地步，卡内基不得不放弃她。

但是当卡内基陷入巨大悲痛的时候，他很想得到惠特菲尔德小姐的抚慰。当病情恢复到差不多能写信的时候，他立即写了一封信给她，她接到信以后便马上来到卡内基身边。她意识到此时的卡内基最需要她，因为在这个世界上，他已经是孤单无依的人，无论从哪一方面来说，她都可以成为他的得力帮手。

1887年4月，卡内基与惠特菲尔德小姐在纽约举行了结婚典礼，然后到英国南部的怀特岛去度蜜月。在怀特岛的那一段时光，惠特菲尔德充满了快乐与喜悦。这座岛上长满了野生花草，简直就是一个天然公园，对于一向喜爱花草的她来说，这里就是最美好的乐园。

不久，卡内基最亲近的叔叔到怀特岛看他们，并且带他们到苏格兰去观光，后来大家一起回到故乡邓弗姆林。这片土地的旅行，使惠特菲尔德更加了解了卡内基和他的故乡。

在母亲和弟弟相继去世后，惠特菲尔德才进入卡内基的生活。她改变了卡内基的生活方式，因为有了她，卡内基才从失去亲人的悲痛中走出来，也因为有了她，卡内基才能重温家庭生活的温馨。有了她，卡内基的生活又变得充满愉悦和幸福，如果没有她，卡内基实在没有办法好好地活下去。结婚以后，卡内基才发现，之前他对她的认识只是表面而已，至于她内心的清纯、智慧和谦虚的品格，若不是长久的相处是无法发现的。

罢工事件

在清澈的月色中，一艘大船从匹兹堡驶出，迟缓地发动机声音在河面上响起，这艘船拖着2艘舢板朝霍姆斯特德工厂的码头驶去。拖船的船舱和舢板上，有十几名彪形大汉，他们身上别着枪，全副武装。这艘来自警备公司的船只将要执行一个阻止罢工的警备任务，说白了，就是暴力镇压罢工。他们将要去暴力镇压的那家工厂就是卡内基的其中一处产业。而此时的卡内基正在妻子的陪伴下，在苏格兰高地避暑。他走后，公司却发生了自创立以来最大的一次罢工事件。

过去公司和员工之间的人际关系，都是由卡内基亲自管理，这对卡内基来说，是一件愉快的工作。如今霍姆斯特德工厂发生罢工事件，卡内基却身在国外，完全与员工隔绝。

同时，由于弗里克董事长认为对员工们的任何要求，卡内基都会答应或让步，所以他并不希望卡内基立即返回美国。而卡内基的信念是，如果雇主和雇员彼此当作是朋友，就一定会产生良好的人际关系。撇开这种人际关系不谈，仅针对经济方面来说，如果雇主对勤勉的员工给予较高的待遇，也会产生良好的结果。他始终认为，一个企业或一家公司，尊重员工是一项最有利的投资。

当时公司方面已经采用贝西默式开放炉，以及其他相关的发明，使得钢铁的生产比以前多了60%。按照契约的规定，员工的工资也应该增加60%。但是公司方面认为各项设备仍需继续改良，因此就把工资的增额暂限为30%，把其余的部分用在各项设备经费上。公司曾答应员工们到了适当时机，一定会把余额分配给他们。可是员工们对这个答复十分不满，于是推派代表向公司表示他们不同意公司的决定，坚持要求马上拿到应得的60%的利润，否则立即停工。

事实上，公司不可能答应他们的要求，而且董事们对这件事也很不高兴。就算当时卡内基在场，相信也会拒绝这种要求的，卡内基认为公司的态度并没有错。没想到，后来的演变却越来越糟。如果按照卡内基的做法，遇到和员工之间有意见冲突时，会采取持久战术，慢慢地设法说服他们，使他们了解他们所要求的并不公平。但是当时厂内一些从员工节节上升的干部们，急于解决这件事情，便去说服不参加罢工的3000名员工到罢工工厂去接替工作。这种做法真是大错特错，公司不应该把几十年来辛勤工作的人员赶出工厂而起用新人。

不幸的是，骚动终于越闹越大，保安人员不得不率领国防军进驻工厂，包围这200多名罢工人员，以保护3000名非工会的员工。这下子更激起200多名罢工人员的愤怒，他们的行动逐渐粗暴起来，他们拿着步枪威胁或攻击其余的3000名员工。董事长弗里克雇佣的警备人员进入工厂内，动用武力。一时间枪声四起，汽油也倾倒入河中，与发射而出的炮弹擦出了火焰，舢板船被烧毁，造成了十余人死亡，数十人受伤，那些警备人员被迫解除武装，被拉到街上游行。最后宾州州长只得派出8000名地方军队来保护工厂，事件终于演变成劳资争议的最恶劣场面。

不幸的事件发生两天后，卡内基才听到这个消息。在卡内基的一生中，再没有一件事给予他这么深刻的创痛。面对这个局面，他第一次感到束手无策。这时候卡内基接到一封电报，它是由一位他所认识的工会会员寄来的，其内容如下：

亲爱的董事长，请你指示我们该怎么办，我们一定会按照你的指示去做。

这封电报十分真诚感人，可是太迟了，工厂已经交到州长手中，一切都太迟了。当时，一般社会大众都批评卡内基是一个无德的经营者，并再三严厉责备他，他们不晓得事情发生时他身在国外，和罢工事件毫无关联。尤其是在工厂中有几名员工被杀之后，他们更将这些责任全部推到卡内基的身上。

　　卡内基的立场是违反常情的……由于不知羞耻地追求财富，这位美国自由主义者破坏了他自己因其向故乡捐赠图书馆而获得的荣耀……只要这位卑劣者说一句话，流血的惨剧或许就可以避免，据说现在卡内基还没有回美国的意思……

　　社会各界争相发表抨击卡内基的言论，包括他的出生地英国在内。面对这样的指责与谩骂，卡内基没有作过多的解释。幸好，后来当卡内基被推举为全国市民联盟的主席时，这种加在他身上的侮辱终于获得冰释了。

　　被推举为主席委实令卡内基深感意外，因为他是雇主，而不是劳工。只是他对于谋求劳工的幸福一向不落人后，他对待工人们总是赋予温暖的同情和关怀，使得公司的员工也对他产生敬爱之心。劳工界之所以给予他这项崇高荣誉，想必是经过一番考虑的。在推举会上，他曾委婉地拒绝他们这番好意，并向他们解释：“我有一个怕热的老毛病，每年到了夏天一定要到别处去避暑，一年四季中，不知道什么时候会有突发事件，因此恐怕很难胜任这个职位。”

　　可是，劳动者的领导阶级仍然一致推崇他，在盛情难却之下，他只好答应了。就这样，虽然霍姆斯特德工厂发生了不幸事件，并且有工人被杀，但由于卡内基担任了整个劳动界的负责人，大家也就不再追究了。

后来在匹兹堡图书馆大厅召开劳工大会时，卡内基很诚恳地向来参加的劳工和眷属问候寒暄，然后对他们说："资本、劳工与雇主就像三脚椅一样，缺一不可，更没有大小之分，而应该是三位一体。"

由这次霍姆斯特德工厂的纠纷，产生了下面一段故事，这件与卡内基略有关系的事情还是他的一位朋友叙述给他的：

1900年春天，我去盖马近郊一个朋友开设的牧场，想要在附近的山中进行一星期的狩猎。这一带十分沉寂，我以为这里只有少数墨西哥和印第安人，但突然在路上，我遇到一位美国人，他得知我也从美国来非常高兴，十分亲切地和我交谈。他说他的名字叫做麦克拉基，1892年以前是在霍姆斯特德担任技工，当时他是优秀员工之一，薪水很高，家庭美满又拥有很多的财产，生活十分舒适。除此之外，由于他在同事之间信誉很好，所以也被推选为工厂的区长。

当1892年发生罢工纠纷时，麦克拉基是参加罢工的工会派，并以区长的身份下令逮捕一队奉命搭船前来保护工厂的私家侦探。根据他的说法，私家侦探队是侵入他们管辖领域的武装集团，因此他有权逮捕他们，并解除其武装，麦克拉基认为这是正当的防卫行为。但不幸的是，他所下达的命令却造成了流血事件，终于演变成越来越严重的冲突。

结果，这次的罢工工会失败了，麦克拉基被官方以杀人、破坏、反叛及其他许多罪名起诉，他的名字被登录在黑名单上，并将罪状通知全国每一家钢铁公司。后来事情虽然结束，他却再也无法找到工作了，因此不得不跑到墨西哥来，但是所有的钱都已花光，还没有找到工作，每天被饥饿所迫。这时候，他的妻子又病死，家庭四分五裂。

当我遇到他时，他正想到山里的矿区去找工作，但是墨西哥人所需要的是一种像农奴般的劳力工作者，像他这种精明能干的技工反而没有人雇佣。他对于将要去的矿场，也悲观地不敢寄予希望，他觉得十分烦恼。

我听完他一连串不幸的遭遇，十分同情，尤其他是一个非常聪明的人，虽然在诉说自己的不幸，但是并没有一句怨言，使我更加地同情他。我想设法帮助他度过这些困难，于是便告诉他我认识卡内基，在霍姆斯特德工厂的纠纷发生不久，我曾和卡内基在苏格兰相聚过。

他听我这么一说，眼睛睁得好大，他说："真的？我在工厂也经常看到安德鲁·卡内基先生，他真是一个好人。如果当时他在场，我们可能就不会发动罢工和冲突了，因为他是一位明理的上司，但其他的干部就不尽然了。"

我在牧场逗留的一星期中，每到夜晚经常和麦克拉基聚在一起。后来我离开那里直接到了亚利桑那州的士林城，当时我因为有事情需要和你联络，就顺便在信上把麦克拉基的事情提出来，说明他的际遇十分可怜，有关他的起诉罪状似乎有些不当。

你立刻有回信来，在信的末端用铅笔潦草地写着："请你尽量在经济上资助麦克拉基，他要多少就给多少，但不要提到我的名字。"我马上写信告诉麦克拉基，问他需要多少钱，只要写信来，我就会立刻寄去。

但是他的回信却出乎我的意料，他婉言谢绝了我的好意，并表示要靠自己的力量去开拓自己的前程。我对他这种志气十分佩服，这正是美国人的精神啊。

于是我又去找一位在墨西哥铁路公司担任总经理的朋友，请他无论如何为麦克拉基安插一份工作，结果，他同意了。

一年后，我有事情到盖马市去，再度见到麦克拉基。当时他的才能已经获得公司的赏识，升任为修理厂的监督了。当然，他的生活也改善了很多，并且娶了一位墨西哥女郎，生活十分幸福。

这时候我才坦白地告诉他说："现在我要告诉你一

件事，上次要给你钱的并不是我，而是安德鲁·卡内基。他曾经叮嘱我不要说出他的名字，所以直到现在我才敢说出来。"

麦克拉基听后大吃一惊，极为感动，过了半晌，才开口说："是吗？真的吗？安德鲁，他这个人实在太好了！"

听完了朋友的叙述，卡内基说："麦克拉基对我的评价，我想把它当作将来前往天国的护照，因为再也没有比这个更重要的证明文件了。"

谈判

虽然发生了霍姆斯特德罢工事件，但卡内基本人对劳工是非常关心和尊重的。围绕着劳工间争议的问题，卡内基的态度和处理方法无论对资本家还是劳工都是具有参考价值的。

1891 年，由卡内基捐赠给阿勒格尼市的图书馆举行开馆典礼，卡内基邀请哈里森总统莅临主持，总统欣然应允了，于是他们便一同从华盛顿出发到匹兹堡去。

这次开馆典礼由于总统的莅临，吸引了很多人前来观礼，一切都进行得很顺利。第二天早上总统想去参观卡内基的炼钢厂，于是卡内基陪同他前往。员工们早已集合起来列队欢迎，卡内基为总统一一介绍厂长和员工。

最后卡内基为他介绍了钢厂的出资者，总统先生似乎有点不高兴地对他小声说道："卡内基，如果要向我介绍，只要介绍员工就好了。"

卡内基回答："这位出资人本来也是我们的员工，因为他能干且聪明，我才把他提升到今天的地位。"

总统非常惊讶，他终于明白了卡内基用人的方法。卡内基不愿意用高薪做饵从别的公司去挖脚，自己公司的员工只要有才干，肯努力，随时都会被调升到经营部门。这就是卡内基的用人策略。

有一次，卡内基的钢质铁轨制造厂熔矿炉的员工们推举了一个代表送来一张联名声明书，上面写着：如果公司不答应提高工资的话，那么星期一下午4点钟，工人们就要放弃熔矿炉。但是他们和公司签订的任期是在当年的年底，现在到年底还有好几个月，如果突然予以更改，以后就无法再和员工们签立有效的规定了。假如员工们对于以前签立的协定可以不遵守的话，那么今后的任何协定都将毫无意义。这件事卡内基必须亲自去处理，他从纽约搭乘夜车，一早就到达了匹兹堡工厂。

卡内基立刻召集了三个重要员工委员会的成员，卡内基很有礼貌地接见他们。他认为这并不是要政策手腕，而是能和他们接触，他感到愉快。卡内基对员工认识越深，对于他们的品德也就有越高的评价。

这些委员在卡内基面前围成半圆形坐下，他们都和卡内基一样把帽子摘下来。看起来，这的确是个很正式的集会。

卡内基首先向制炼部的委员长说话，他是一位戴眼镜的老先生："先生，公司和你签的契约，是不是到年底才到期？"

"是的，我们必须遵守规定，否则会影响公司的信誉。"老先生慢慢取下眼镜，把它拿在手里说。

"好，这才像真正美国人所说的话，我为你这种表现感到骄傲。"接着，卡内基问铁轨制造部的委员长："詹森先生，你也和公司签有同样的契约，是吗？"

他是一位身材瘦小的人，他想了想，很慎重地说："董事长，当一份契约书送到我这里签字时，我总是仔细地看过，如果没有异议我就会签，一旦签了字，就一定会遵守。"

"嗯，你也是一个很负责的人，的确是了不起的干部。"然后卡内基再转向加工部的委员长，他以同样的问题问他："凯利先生，我也和你签订了有效契约，对吗？"

"我不清楚。"凯利回答，然后又吞吞吐吐地说，"因为我看到契约书时，没有仔细看清楚就签了名，所以不太了解里面的内容。"

这时候在旁边的管理员气愤地喊了起来："凯利，我曾把那份契约念了两遍给你听，又和你详细地谈过，难道你都忘记了吗？"

卡内基立刻走过去拍了拍管理员的肩膀，请他不要发脾气，并且说："凯利有解释自己立场的权力……我自己就经常没有看清楚文件内容就签名，尤其公司的律师或干部要我签名时，我多半连看都没有看。凯利的情况很可能和我一样，所以我们应该听听他的说明……但是，凯利先生，根据我过去的经验，一旦签了契约，就立即生效，直到有效期结束。"

对这件事没有人再提出反对意见，于是卡内基就站起来说："熔矿炉的各位委员，你们威胁公司要废弃契约，并要我在今天下午4点钟以前答复，现在还不到3点钟，我已经准备好了答复。好的，你们可以放弃熔矿炉，我宁愿让熔矿炉的四边长满了草，也绝不屈服于你们的威胁。自从有了劳工组织以来，最恶劣的就是劳工们毁弃自己签订的契约，自己侮辱自己。以上就是我给你们的答复。"

这些委员听完就一个一个退了出去，公司的干部们也都静悄悄地默不作声。这时候正好有一位客户来洽谈生意，他说在走廊上遇到了工会的委员们，他听到戴眼镜的老年人对凯利说："我们对公司的威胁根本没有效，现在我们不能再盲目地干下去了，否则后果将不堪设想。"

后来卡内基听说以凯利为首的委员回到熔矿炉时，停工的工人们都拥过来探听开会的结果。那时候凯利大声地怒骂他们："你们这些懒惰虫，还不赶快恢复工作，在这儿干什么？我们碰了一鼻子灰，董事长并没有把我们当敌人，可是他是一个坚持原则的人，他一旦坚持就永远不会改变。赶快去工作吧，你们这些懒骨头！"

除此之外，卡内基的钢铁制造厂也曾发生过罢工事件，那一次也是由卡内基压下来的，这是很有趣的事情。当时有134名员工在暗地里商量，几个月前就秘密地谈论要在年底要求提高工资。当时的社会不景气，其他的制铁公司或炼钢厂都在降低工资，然而他们却态度强硬地表示不加工资就不工作。对这件事卡内基予以拒绝。于是他们就立刻发动罢工，使得整个工厂陷入停顿状态，连熔矿炉也被封锁起来。

熔矿炉熄火是很严重的事情，因此卡内基立刻赶到匹兹堡，要求和员工代表谈话，卡内基对他们说："各位，过去我一直都是先和你们彼此讨论之后才作决定，这一次希望也能够如此……各位现在已经离开了工作岗位，这是很简单的事，可是再想恢复，就不那么简单了。你们已经放弃了自己的工作，如果我不再雇佣你们，你们就不能回来，到时候，后悔已经来不及了……同时还有一件事我必须说清楚，我完全无意和你们争论，不是闹不过你们，而是不愿意，因为我要针对的对象不是你们。希望你们知道我是苏格兰人，一旦坚持就绝不会改变了。从现在开始，除非全体三分之二以上的人停止罢工，恢复工作，否则工厂绝不再开工，我要永远把它关闭。"

话一说完，卡内基就退席，他们也陆续地退出了。

接着卡内基就回到了纽约，大约经过两个星期之后，有一天卡内基正在书房看书时，佣人拿进来一张名片，卡内基一看竟是公司的两名干部，于是卡内基就到会客室接见他们。

卡内基对他们说："你们来找我有什么事？"

其中有一位眼睛看着地板，小声地回答："我是想来谈谈关于工厂的不幸事件。"

"哦，是吗，你们员工是不是已经有了决议？"

"不，还没有。"

"既然这样，就不必谈了。除非有三分之二的多数员工决议要开工，否则就不再谈这件事。对了，你们来过纽约吗？"

"我们是第一次来这里。"

"是吗？那我就权充向导，带你们去逛逛纽约的第五街和中央公园，然后中午 1 点半钟，再回到这里来午餐。"

卡内基带着他们去逛纽约市，除了他们希望讨论的那件事以外，他们无所不谈，彼此都很愉快。最后他们没有谈有关工厂的事，就回匹兹堡去了。

后来员工们很快就有了决定，除了极少数表示反对外，大家都同意再度开工，这次的罢工事件就这样结束了。当时卡内基采取了一项划时代的工资制度，也就是按照制品价格的涨跌使工资随之上下浮动的方法，后来整个劳动界也全都采用这种工资制度了。对于员工来说，雇主可以用少数的钱为他们做很多的事情。有一天卡内基和员工开会时问他们，希望公司为员工做些什么事，不妨提出来讨论。

有一名优秀的员工立刻站起来说："我太太很会处理家务，通常在每个月第四个星期六，我们都会到匹兹堡去，按批发价买回下个月的日用品，这样可以比一般价钱便宜三分之一，但是我们工厂员工能这样做的并不多，因为工资是月底才发放，所以在可以买便宜货品的期间，员工却没有钱。如果董事长能够两星期发一次薪水，不要一个月发一次，那对大家来说，可就方便多了。"

卡内基当场答应他们，虽然这样做比较麻烦，还要多雇两三名职员来处理，不过以全体员工的福利来看，卡内基觉得那只不过是微不足道的小事情罢了。

还有一次，大家都在抱怨煤炭太贵了，于是卡内基便多买了一些煤炭，然后按照原价分配给员工。这个价钱比员工向燃料店购买便宜了一半。

后来，卡内基又让员工组织共济工会，并办理储蓄。虽然存款可以在银行办理，可是员工却担心会遇上经济恐慌，而且利息也不高。为了鼓励员工，卡内基便以优厚的条件让员工参加储蓄。

卡内基对员工的各种优惠，却引起部分股东的不满，因而常批评卡内基说："你太不像话了，凡是劳工的要求都会答应，换成是我，无论别人怎么说，也绝不会改变主意。"

卡内基并不怕别人批评，他认为公司对员工所投注的友情才是能获得利益的最佳投资。在资本家的眼中，劳工通常都是羸弱的。如果工厂关闭的话，雇主的衣食住行和娱乐都不受任何影响，但是对劳工来说，一天天减少的生活费将会使他们感到痛苦和困窘，别说娱乐，就连妻子儿女的健康都无法维系。卡内基认为需要保护的是劳工，而不是资本家。

卡内基常想这种对劳工的关怀与体恤才是他们所需要的，因此他总是尽力地为他们解决困难。他的想法很快引起了劳工们的共鸣，致使他的事业营运得更加顺利。

有一次，一个员工对卡内基说："卡内基先生，即使你踢我一脚，我也没有怨言，如果换了其他的上司摸一下我的头，我都会讨厌。"

在卡内基看来，这些雇佣别人的人，应该用比对自己的骨肉更亲密的态度来亲近他们，才能获得更大的成功。

慈善家的蜕变

急流勇退

当初卡内基很有先见之明，他认为美国将来必须以工业立国，所以就辞掉了薪水阶级的工作，而开创了自己的制铁事业。他的计划正好符合时代要求，于是他的事业蓬勃发展。等到制铁时代逐渐进入炼钢时代，他又抢先一步转向炼钢事业，而获得了非凡的成功。而在风头正劲的时候，他却突然引退。

亲人和朋友的相继离世使卡内基时常思索一个问题：从一文不名的移民后代，一步步打拼到今天的功成名就，几乎实现了少年时代的所有梦想，但如今拥有了这么多财富，为什么却快乐不起来呢？亲人和朋友都离开了，赚来的这些钱用来做什么呢？目的是什么呢？最后，深受东方文化影响的卡内基得出了一个这样的结论："富人若不能用他聚敛财富的才能，在生前为社会谋福利，那么死了也不光彩。"

1886 到 1899 年，卡内基收集了各种杂志的资料编撰成一部《财富的福音》。他将这部《财富的福音》寄给了《北美评论》杂志。他在文章中提到他对财富的分配方法，第一种方法是将遗产分给亲戚，这是普通人最常选择的分配方法；第二种是将财富捐赠给社会。

1900年，步入花甲之年的卡内基毅然决然地从钢铁事业中引退。当时卡内基的公司每年收入高达4000万美元，将来还会继续增加。钢铁业已经荣登产业界的王座，它的赢利，就好像一只会生金蛋的鹅一样。把这些都捐赠给社会，卡内基一点也不觉得可惜。当卡内基决定了将来的计划时，便以5亿美元的价格把公司卖给金融大王摩根所经营的美国钢铁公司，当摩根买下这家公司以后，每年的收入立刻涨到6000万美元，他十分高兴。

卡内基做事雷厉风行，在决定引退后，他将财产分配给了他计划中的第一个分配对象，那就是炼钢厂的员工们——

> 当我从业界引退时，我愿意从我的财产中拿出400万美元的债券，捐献给那些对我事业的成功有很大帮助的劳工们，以表达内心的谢意。也就是利用这笔钱救济那些因意外事故而生活艰困的，或已进入晚年需要帮助的人，我要用这笔钱作为资助他们的基金。
>
> 同时我再提供100万美元债券，以它的利息来维护我为劳工所建的图书馆和娱乐厅。

卡内基把这笔基金命名为"安德鲁·卡内基救济基金"，由公司员工推选的管理委员会运作。露西熔矿炉的员工为了答谢卡内基的好意，赠送了一座刻有感谢铭的大银盘给他。

卡内基作了这番安排以后，就搭船到欧洲去旅行了，当时曾有很多过去的同事和干部都在码头欢送卡内基。这一次和以前的因公外出不同，他感到非常寂寞，一股似乎将要永别的凄凉之感袭上心头。

几个月后，卡内基回到纽约，仍然觉得十分寂寞和空虚，感到似乎没有适合他居住的地方，虽然有几个以前的老同事来迎接他，但他心中总觉得他们看待他好像是看待另外一个人。不过卡内基仍然鼓励自己："不要为这种感情的事气馁，过去无论遭遇任何困难都能克服，现在还有新的事业正等待着自己去做呢。"

不久之后，卡内基认识了一位纽约公共图书馆的馆长，他对卡内基说目前图书馆很缺乏，主要是建设经费的不足。因此卡内基便答应捐赠625万美元，在纽约市建立68处图书馆的分馆，首先在布鲁克林区建立了20座图书馆。

卡内基对建立图书馆的事特别热心，显然是受了父亲的影响。父亲在故乡邓弗姆林为了让没有读过书的邻居有机会读书，曾和几位朋友在小镇上设立图书室。后来卡内基也继承了父亲的做法，曾经赠送一个公共图书馆给故乡，那就是卡内基第一次捐赠的图书馆。

接着，卡内基又捐赠了一座图书馆和公民馆，给他们全家初来美国居住的阿勒格尼市。那时候，哈里森总统曾专程从华盛顿前来主持开馆典礼。

后来匹兹堡市也希望有一座图书馆，卡内基也一样很乐意地捐赠了。随后卡内基又捐赠了美术馆、博物馆、音乐厅及许多学校，尤其是音乐厅的落成，使全体市民格外高兴，因为匹兹堡是仅次于波士顿和芝加哥的交响乐团发源地。而卡内基本身对于自己能够捐献各种设施也感到非常满意，因为他曾在这里度过少年时代，在这里踏进社会，过去的事业都是在这里起步及成长起来的。卡内基热爱这个满是烟雾的城市，他觉得他有义务为这个城市花更多的钱。同时，卡内基愿意给予自己有类似经历的有上进心而家庭贫穷的年轻人提供良好的学习机会。

1902 年 1 月，卡内基在华盛顿创立了卡内基协会。起初他捐献了 1000 万美元债券，后来为了协会的各种活动，

卡内基音乐厅

又追加了 1500 万美元。协会成立时，卡内基曾和罗斯福总统磋商，决定由国务卿约翰先生担任会长。

这个协会主要致力于支持一些研究、发明等活动能在广大范围内自由进行，尤其是以发展科学、文学、美术为目标。如果某一个人所从事的工作极具意义和价值，协会就会毫无条件地提供资金上的援助。在卡内基协会所援助的许多事项中，卡内基特别举出两个比较特殊的例子。其中之一就是用木材和黄铜制的"卡内基"号帆船，这艘帆船航行过全世界的海面，因而纠正了以前航海地图上的一些错误。过去，海洋测量往往会因罗盘的偏差而发生错误，黄铜绝不会受到磁力的影响，但是铁和钢制的船身却具有高度的磁性，因此会受磁力影响而导致错误。最显著的例子就是丘纳特公司的汽船在亚速尔群岛附近，发生过触礁的事实。"卡内基"号帆船的船长就以这次事件做试验，结果发现丘纳特的船长完全是按照英国海军所绘的水陆图航行，而水陆图上的一些标志是错误的，由此才发生了触礁事件。后来经由"卡内基"号帆船重新测量，这些偏差全部被加以修正了。"卡内基"号帆船航遍了世界各个海域，发现了很多新的事实，并向全世界的航海者报告，受到许多的赞誉与感谢。这项贡献使卡内基等人感到很欣慰。

卡内基协会另一项有意义的援助是加州威尔逊山的天文台，这座天文台位于海拔 1800 米的高山上。他们从这座最新的天文台拍摄了很多新星球的照片，当第一张底片冲洗出来时，他们发现了 16 个新的星座，第二张底片上，发现有 60 个新的星座，第三张底片上，竟有 100 个以上。同时其中有几个星座比太阳系还大，而且有的和地球的距离十分遥远，若以光速来计算，需要 8000 万光年才能到达地球。这件事使他们无限感叹，卡内基意识到人们的知识和宇宙间那些未知的事物相比实在是微不足道。

第三项令卡内基觉得满意的事业就是创设"舍己救人基金"。对于这件事情，卡内基曾付出自己全部的精力，因为卡内基听到匹兹堡附近的矿坑发生了惨烈的事故，矿区的经理率先去营救被埋在矿坑内的工人，但不幸的是，这位勇敢的指挥官也牺牲了自己的生命。这件悲壮的英勇事迹一直深刻地盘踞在卡内基心中，由此引发了他创设这个基金的想法。卡内基先捐出 500 万美元的基金，以奖励那些勇敢者的善行，或者用以抚恤他们的遗孤，这些人通常都是为了救助伙伴才牺牲自己的生命。对于那些因突发事故而患难的英雄的遗孤，这笔基金也可补助雇主或其他机构应付出的救济金。这项完全由卡内基自己构想的基金创设于 1904 年 4 月，创设以后从各方面运作都很成功，它对卡内基而言就好像是自己的儿子一样。

后来，卡内基也在自己的祖国英国创设了这个基金，本部设在邓弗姆林。接着，他又把这个基金制度扩展到德国、法国、意大利、比利时、荷兰、挪威、瑞典、瑞士及丹麦各国。

有关这个基金在德国的业绩这一点，驻柏林的美国大使海尔先生曾寄给卡内基一封信，信的内容大致如下：

我写这封信给您的主要目的，是要告诉您德国国王对于"舍己救人基金"的运作十分感激和满意。国王陛下特别关怀这件事情，同时也极度赞扬您设立这个基金会的见识及慈悲心。原先，国王并没有预料到基金会能够产生多大的作用，后来才发现如果没有这个基金会，一旦遇到重大事故，就没有办法作适当的处理。

其中的一个例子，就是一个年轻人救了一位溺水的小孩，救上船之后，自己却由于筋疲力尽而溺毙河中。后来他的太太和孩子因为受到您的基金的救济，才能够开设一家小店来维持生活。同时这种基金可以使英雄的遗孤们的教育经费获得保障，这不过是其中一个实例而已。

除了以上所提的实绩外，英国国王爱德华对这个基金也深受感动，他曾亲笔写了一封感谢信给卡内基，并附上一张自己的肖像。

当这个基金会成立不久，曾有一部分美国报纸对基金会的宗旨表示怀疑而责难，不过这件事已成过去，如今它的辉煌成果已经受到广大民众的称颂和赞扬。起初一部分舆论之所以怀疑，是因为他们误以为这个基金会是在鼓励英雄行为，而担心有人为了报酬，故意地表现出英雄事迹。而卡内基则认为这种现象是不可能的，真正的善行绝不会考虑到报酬和其他丝毫的功利观念，而是完全出于正义和恻隐之心。在过去的野蛮时代，是以残杀自己的同类来作为选拔英雄的标准，在现代这种文明的社会里，真正的英雄是要将自己奉献给同胞，为人类而服务。

卡内基回想起自己少年时代进入铁路公司，当时曾受到很多前辈们的照顾，他希望为钢铁公司员工设立退休基金，以此报答他们的恩情。这项基金普及到很多以前卡内基担任匹兹堡站长时代的旧友，以及一些已逝铁路员工的遗孀。此外，卡内基又寄赠了400万美元，这也是为了向工厂员工们表示一点心意。这笔基金的受益人已经高达数百人，其中有卡内基的旧识，也有许许多多的陌生人。

卡内基梅隆大学

后来卡内基还为极为穷困而需要金钱的人特别设立了一种不公开的养老年金制度。他觉得社会有许多像他父母那样心地善良的人，他们一生不犯任何大过错，平静地过日子，到了晚年之后，因年老体衰不能工作，以致无法生活。难道这些人都要沦为乞丐吗！卡内基决心要救助这些人。这件事只需要小额的金钱就可以办到，凡是卡内基所知道的可怜人，他就尽量地设法赠送养老年金给他们，而不把他们的名字列在名册上。这件事早在卡内基退休之前就开始实行，退休以后，更是大力地开展下去。

教育与和平

卡内基晚年一直致力于慈善事业。他出资创立了用来发展科学、文学和美术事业的卡内基协会，设立了关怀见义勇为英雄及其遗孤的"舍己救人基金"。不仅如此，他的仁慈之心惠及了社会各个阶层的各类人群，卡内基是个热爱和平的人，他还专门出资资助那些为世界和平作出贡献的人。

在所有的行业当中，从事教育的人的身份虽然高，很受人尊敬，可是他们的待遇却最低。当卡内基首次担任大学的理事时，发现教授们的薪水少得可怜，简直还比不上他公司的一个小职员。他们不敢奢望晚年时会有一点储蓄，因此那些没有设置退休制度的大学，对于一些已经老得不能再从事教育工作的教授，也只有让他们继续留任现职。他们为培育下一代青年而奉献一生，可获得的报酬却十分微薄，实在太不公平了。

出于对教育工作者的尊敬和同情，1905 年 6 月，卡内基又创设了 1500 万美元的教育基金，以保障各大学老教授退休后的生活。这是卡内基又一项重大捐献。为了经营这笔基金，卡内基从美国各大学的校长中选出 25 人来担任委员。卡内基对这个基金会倍感亲切，因为接受这笔基金的大部分学者都是卡内基的亲密老友，卡内基最了解他们为社会所贡献的价值。基金会设立以后，卡内基收到无数受益学者或其遗孀们寄来的感谢信，这使他很感激也很感动，他把这些信全都妥善地留存下来，每当情绪沮丧或郁闷时，他就把它们拿出来再看一遍，心情就会立刻开朗起来。

有一次，卡内基的一位住在邓弗姆林的朋友在英国的评论杂志上刊载了一篇报道："大多数住在邓弗姆林的穷人，都希望自己的子女接受大学教育，因此在日常生活中，都尽量省吃俭用，可是仍然无法凑足学费。"

卡内基读了之后，马上寄送附有利息的债券 1000 万美元给他们。利息的一半是作为贫民子弟的学费，另一半则用来补贴大学改善设备。这一个基金会就此很快地被运作起来，它被命名为"苏格兰大学卡内基基金"。

在第一次的理事会议席上，大家讨论到一个问题，问题的核心是卡内基不把运用基金的权利委任给各大学。很多人对此纷纷猜测，如果让他们放手去做，可能会做得更好。

当时卡内基曾向主持会议的主席巴尔夫首相说："巴尔夫先生，到现在为止，我还从没有看过任何一位政治家，能够为年轻的下一代制订有意义的立法，说真的，连一些试图改善自己这一代而进行立法的国会议员都很少看到成功的例子。这件事情将来我总会委任给他们，不过在时机还未来临之前，我相信由我来监督比较妥当。"

这话一说，立刻引起在座的英国最高权威政治家的一阵爆笑。巴尔夫首相也跟着笑了起来，然后对卡内基说："确实如此，你说得很对，我过去还没有见过像你这么聪明的慈善家呢。"

1902 年，卡内基被推选为英国圣安德鲁大学的名誉校长，这是卡内基生命中极为重大的一件事。卡内基进入了梦寐以求的高等学府，这是他多年来无法实现的夙愿。当卡内基第一次出席教授会议，坐在学校创立以来历任著名校长的专用坐席上时，他万分激动。

在苏格兰 4 所大学当选荣誉校长后，卡内基夫妇邀请 4 位校长和他们的家属到家中来做客。后来这种邀请就变成例行事项，每年他的家里都会举办一次"校长周"。这种集会能够培养各大学校间互相联系和协助的精神。后来，经过圣安德鲁大学全体学生的投票，一致赞成卡内基继续担任第二期的荣誉校长，这对卡内基来说也是一件深感欣慰的事。

当时在大学里，有一种"校长晚会"，学生们能够在这个晚会上和校长一起聊天、游戏，而一般教授都不在邀请之列。每次的集会都令人愉快，当卡内基举办了第一次集会之后，他听到学生们私底下讨论说："×× 校长曾经对我们说教，×× 校长曾经向我们训话，他们这些人都是站在讲台上发言，可是卡内基先生却和我们坐在一起毫无拘束地彼此交谈。"

不仅对国外的大学提供协助，卡内基也尽量利用各种机会协助自己国家的高等教育事业。卡内基觉得规模已经很大的著名大学，没有必要再扩大，也不用再去多费心思了，而一些规模较小或是专科程度的单科学院，才更需要他的援助，所以卡内基总是尽量设法去帮助他们。此外，卡内基也向黑人教育机构伸出了援手，这些学校确实努力在提高曾经是奴隶的黑人的地位，令卡内基十分钦佩。卡内基以能够认识有名的黑人教育家而感到荣幸，他觉得黑人教育家不但提高了自身的社会地位，同时也提高了数百万黑人的地位，实在是可敬可佩的人物。有一次卡内基捐赠了一笔款项给一家黑人学院，几天以后，校长亲自来拜访卡内基。

"我想向你提一件事，可以吗？"校长问卡内基。

"请说吧。"

"我很感谢你的仁慈与照顾，把一部分基金作为我们夫妇退休后的生活费。不过，卡内基先生，这笔钱实在超过了我们的需要，对我们黑人来说，几乎是一笔很大的资产，所以我建议如果你同意把这一条规定改成'充作适当用途'，会更妥当些。我相信我们学校的理事们必定会作妥善的安排，而我们夫妇两人只要一点点钱就够过活了。"卡内基被校长先生这种高贵的节操深深打动，因而同意改变运用基金的规定。

对于和平，卡内基心中早就存有一个愿望，他希望国家间能够长久地维持和平。当听到英国军舰"摩纳克"号将要巡航世界的消息时，为了增进英美两国的亲善，他很希望它能到美国来访问。卡内基拍发了一封电报给英国政府的内阁官员，电报的内容是："请将皮博迪的遗骸送回祖国。"乔治·皮博迪是美国企业家，也是个慈善家，1869年客死于伦敦。这封电报卡内基并没有签署发电人的姓名，但奇怪的是，英国政府竟然照办了。就这样，"摩纳克"号军舰便以和平使节的身份到了美国。

卡内基年轻时去英国访问，对于英国的和平协会十分关心，经常参加他们例行召开的会议，这使他有机会和当时英国议会的劳工代表克里默接触。后来这个人得到了诺贝尔和平奖，全部奖金8000英镑，他只留下了所需的1000英镑，其余全部捐献给国际和平调停委员会。克里默被推崇为最勇敢、最高尚的道德规范。1887年，国际和平调停委员会到美国来访问，克利夫兰总统特地为他们介绍卡内基，卡内基觉得非常荣幸。总统先生十分礼貌、亲切地招待他们，彼此都由衷地表示要协力合作。从这一天起，卡内基的脑子里充满了和平问题，后来各国又在荷兰的海牙召开裁军会议。参加海牙会议的美国代表回来以后，有几位代表来访问卡内基，他们表示要在海牙兴建一座和平殿堂，问卡内基是否愿意捐出这笔费用。当时卡内基认为随便对他这么一提，就要他捐出一大笔钱，实在不合理。于是卡内基告诉他们说："如果荷兰政府希望我这么做，必须正式地向我要求，我会重新考虑。"

不久之后，驻华盛顿的荷兰公使写了封信给卡内基，并附上一张详细的估价单，于是卡内基就先寄去 150 万美元支票。与他其他的捐款相比，这个数目并不算多，因为卡内基觉得建设和平殿堂的这项荣誉，不应该由他一人独占，而是需要全世界共同携手来建设世界上最神圣的殿堂。

1907 年，有几位朋友来看卡内基，他们表示想在纽约组织一个和平协会，希望卡内基出任会长。当时卡内基以事情太多，无暇分身的理由予以拒绝。几天以后，一位牧师和几个为和平而努力的人又来要求他重新考虑，他同样婉言拒绝了。事后他想：除了为和平可以牺牲自己以外，再也没有任何事值得我去牺牲了，如果我连这件事都不愿意去做，那做其他的事情又有什么意义呢！最后卡内基终于答应了这件事。当年 4 月，召开和平协会的全国大会，除了 35 个州的代表之外，还有很多知名的国外代表来参加，为协会平添了无上的光彩。

如果卡内基没有把这些钱用作有意义的分配和使用，终日盘坐在财富上面过着隐居的生活，必然会感到空虚、寂寥，人生也变得毫无价值。卡内基的这种慈善而明智的做法使他的生活比以前当企业家时更加充实了。同时，卡内基对于读书、写作及演讲等，也充满着浓厚的兴趣，他的晚年生活既充实又愉快。

那时候，卡内基经常邀约一些爱好文学的人，来家里举行文学晚会，并请《世纪》杂志的总编来主持，后来这种晚会变成了一年一度的惯例。有一次晚会，总编来迟了一会儿，他到达会场时吃了一惊，因为他发现约翰·布罗斯与欧内斯特·汤普森·西顿这两个死对头竟然坐在一起。约翰是一位著名的博物学家，而西顿被称为"动物文学之父"，因写了《动物记》一举成名。当时他们两人对于动物及鸟类的习性问题曾发生过激烈的争论，彼此互不相让，见面就如同仇人一样。因为大家都知道这件事，所以事先安排座位时总编故意把他们两个分开，可是不知为什么，他们竟又坐在一起了。不但如此，当天晚上，这两个一向互相敌对的人却一反常态的十分亲密，直到晚餐结束，都像是两个十分要好的朋友似的。原来这是卡内基一手安排的，他为了使这两个水火不相容的人和平相处，就故意变更了总编所安排的座位，使他们两人并排坐在一起。卡内基认为两个正在争论的人，如果有朋友出面调停就应该由衷地接受，因为他曾经历过和一个本来很要好的朋友发生感情冲突，而且这段感情永远没有机会修复了，他觉得这是人生中最大的遗憾。当人们随着年龄的增长，看到朋友一个一个地死去，会有被遗弃的孤独感，这时才更能感觉到友情的可贵。

当卡内基从企业界引退，有许多朋友由衷地欢迎卡内基，而最高兴的就是马克·吐温。当卡内基引退的报道及有关财产的事见报后，他写了一封信给卡内基。

亲爱的老友：

　　最近你的情况还不错吧？你能借 2.5 美元给我这个崇拜你的人吗？我想去买一本《赞美歌》，让我唱着这首歌来祝福你。

　　　　　　　　　　　　　　　　你的朋友马克

后来，马克·吐温在纽约病倒了，卡内基经常去看他。虽然病得无法起床，马克·吐温仍和往常一样爽朗快乐，还一直讲笑话逗卡内基发笑。

　　有一次卡内基有事必须到苏格兰去，便去向马克·吐温辞行。当卡内基抵达英国时，马克·吐温的信也同时到了。因为卡内基出发不久，纽约发表了他为大学教授设立的"师恩基金"，马克的来信就是对这件事的祝贺。

圣安德鲁：

　　我把我的圆光送给你。如果你辞行的时候就把这件善举告诉我的话，我当场就可以把它送给你了。这个光圈是纯粹的锡制品，已经向神缴纳过货物税了，你可以放心。

　　　　　　　　　　　　　　　　　　　马克

这位伟大作家的幽默风趣是全世界所共知的。他对政治、社会的各种问题都具有坚定的信念，同时他也是一位德高望重，又富有吸引力的人。他赤子般的诚心和不惧艰难的勇气一直深深影响着卡内基，他是卡内基最尊敬、最怀念的朋友。在庆祝马克70岁生日的宴会上，许多与会者所发表的贺词都着重在他文学上的成就，卡内基却把他文学以外的事向大家发表："马克先生以幽默作家成名而发财，有一家和他有关的出版社因倒闭而破产，他就拿出自己全部的财产给出版社，帮助他们渡过难关，同时为了协助偿还这家出版社的借款，他五年内跑遍全美和世界各国去作旅行演讲。这件事他并不认为全是出版社的错，也没有因为和自己无关而逃避责任，这才是真正的英雄本色啊。"

故友

卡内基有很多朋友，一些是与他一起成长起来的青年伙伴，一些是跟他一起打拼事业的盟友，还有一些是他成名之后认识的各领域的名人。随着岁月的流逝，进入暮年的卡内基越发珍重那些与他有着同样血统的英国故交。而他对故乡的眷恋也日渐加深，也许这就是叶落归根的情愫吧。

在卡内基眼里，英国首相格莱斯顿是一位伟大的人物，他仿佛天生就应该拥有这样的地位。卡内基永远不会忘记他与格莱斯顿第一次见面时的情景。

那是在 1882 年，当时许多外国人，尤其是英国人对美国并不了解，为了使他们认识美国，卡内基写了一本《民族主义的胜利——共和国五十年的经过》。经人引见，卡内基认识了格莱斯顿，两人第一次见面就谈起了有关美国的事情。卡内基向格莱斯顿介绍了美国的政治信仰、人口数量、工业产值和财政等方面的情况，卡内基所说的使这位老首相相当震惊。听完卡内基的介绍和建议之后，格莱斯顿叹了一口气说："真令我惊奇，美国这种成长速度实在令人想象不到，美国为什么不向全世界宣告这项事实呢？"

"的确有这个必要，政府将会这么做，但是我想先写一本书，用我个人的方法来宣传。"卡内基回答。

"对，你一定要这么做，这样对全世界各国都会产生影响的。"格莱斯顿稍微想了一会儿，又问，"你认为以后英国应该朝什么方向发展较好呢？"

卡内基也想了一下才回答他："过去的几百年，英国的确曾产生了很多优秀、伟大的人物，例如在文学方面有乔塞、莎士比亚、斯宾塞及狄更斯等人；在科学方面则有培根、达尔文等人，这些天才是物质无法相比的可贵资产。英国虽然无法占据工业国的优势，但是还可以向世界各国展示文化和道德的优越。也就是说，英国从此以后可以朝成为欧洲最高度文化国家的目标迈进。"

格莱斯顿听后颇有同感，不停地点头并重复着卡内基所说的一句话："文化和道德的优越，文化和道德的优越！"

　　一次，格莱斯顿要整理他图书室的书籍，便邀请卡内基去参观。卡内基想他可能是要借机展示一下他所珍藏的书籍。而且在那里他们将不受干扰，可以静静地交谈吧。当卡内基走进图书室时，格莱斯顿正站在楼梯顶端搬移笨重的书籍，卡内基就在下面四处浏览，突然他发现一本很罕见的书，就抽了出来。他仰着头冲着楼梯说："格莱斯顿先生，这里有一本书叫做《邓弗姆林人物志》，这本书的作者是家父的朋友，其中出现的人物都是我童年时代认识的人。"

　　"是吗？"格莱斯顿说，"你再看看那本书左边的一本，也是由一位出生于邓弗姆林的人写的。"寻着他的指引，卡内基竟然找到了自己写的一本《一个美国人的马车之旅》，当他刚要拿这本书时，楼梯上发出了一阵像风琴般庄严的朗读声："如同伊斯兰人的圣地、佛教徒的圣地、基督徒的圣地一样，邓弗姆林就是我的一切。"这是《一个美国人的马车之旅》书中的一小节，是卡内基结束英国南部之旅，乘坐马车即将到达故乡之前，看到故乡风貌那一瞬间的感想，所以便把它写了下来。但是这本书出版时，卡内基和格莱斯顿并不相识，这本书当然不是他赠送的，于是卡内基便问格莱斯顿这本书的来历。

　　格莱斯顿说："当时我还没有见过你，是听别人告诉我说这是一本好书，我就去买了一本。看起来实在令人感动，尤其你赞美邓弗姆林的事，给我留下了十分深刻的印象，我永远也忘不了。"

经过推算，格莱斯顿看这本书应该是七八年前的事了，卡内基真佩服他的记忆力。同时，身为一个英国人，格莱斯顿对祖国的热爱使卡内基感同身受。

1887年6月，在维多利亚女王即位50周年庆祝会那一天，卡内基和妻子被邀请去参加一个以格莱斯顿为主宾的晚宴。当时为了庆祝伟大的女王即位50周年，街道上挤满了群众，每一条马路都人山人海，他们不得不走下马车步行，好不容易才挤到会场。席散回来时，他们也一样不能驾车，只好步行回家。在路上，同行的人听到一栋建筑物中传来了吟诗的声音，吟得那样低沉。卡内基听出了是格莱斯顿先生。

于是他们就一起走向那栋传出声音的建筑物，果然发现格莱斯顿在那里。当时他把外套蒙在头上，看到卡内基等人走进来，才赶忙取下来。大伙问他："这么晚了，你在这儿做什么呢？"

格莱斯顿很难为情地回答说："我把妻子送回家后，自己又出来了，因为我很想看看国民是何等地敬爱自己的女王。"

接着他又说："年轻人不要这么晚还在外面徘徊，快回去睡觉。快去快去！"

这位已经年逾80岁的老首相，还像一个天真的少年一样，回想起来，这份友情真是弥足珍贵。

卡内基另一位故友就是斯宾塞。20世纪后半期，斯宾塞曾给人类的思想带来了相当大的影响，他不但是一个哲学家、社会学家，同时也是孕育新进化论哲学的人。1882年，斯宾塞和卡内基搭船从英国利物浦港出发，驶往纽约。那时由于卡内基经常旅行，所以负责照顾将要到美国访问的斯宾塞先生。

有一天他们一起进餐，斯宾塞发现服务生送来的乳酪和他刚刚点的不一样，便生气地大骂："不，不！我点的不是这种乳酪，你这个笨蛋。"这段小插曲过后，他们谈论了很多事。当他们谈到和名人第一次见面，对方是与自己想象中相同的人多，还是与想象中完全相反的人占多数的问题时，卡内基说："和我想象中不同的人比较多。"

"噢？你对我的看法也是一样吗？"斯宾塞很吃惊地问。

"当然！"卡内基说，"尤其是你！我本来以为你对任何事都很超然，是个像佛陀一样能够冷静思考的哲学家，却没想到只为了一片乳酪，你就会发脾气。"

听卡内基这样一说，斯宾塞哈哈大笑。

斯宾塞先生很喜欢听有趣的故事，并且很爱笑，他对于有关美国的事也很感兴趣，所以卡内基就向他讲述了很多有趣的事情。而斯宾塞也会讲很多故事给卡内基听，其中就包括关于爱默生的一则小故事：

据说有一次爱默生应邀参加演讲会，谈起废止奴隶制度的问题时，被听众轰下讲台。他孤单单地走在回家的路上，一肚子的气实在无处发泄。当走到家门口，打开木栅门时，他抬起头来从灌木树叶的间隙看见了满天的星斗，一肚子的怒气就烟消云散了。他感觉到无数的星星一闪一闪地发着光，好像对他说："怎么啦？为了这种芝麻小事就生气，你是那么可怜的小人物吗？……

斯宾塞的这段话对卡内基触动很大，从此以后，每当卡内基遇到不愉快的事情时就用"你怎么啦？为了这种芝麻小事就生气，你是那么可怜吗？"来安慰和鼓励自己。

不对和平绝望

1919 年 8 月 11 日，充满和平伟大理想的安德鲁·卡内基因肺炎恶化病逝于美国的马萨诸塞州。这位美国历史上的风云人物，从一文不名的毛头小子一步一步奋斗成为坐拥数亿资产的"钢铁大王"，他的奋斗经历已成为美国青年的励志榜样，他功成名就后的乐善好施也成为社会标榜的楷模，他用奋斗与奉献，谱写了传奇的一生。而这位对战争并不陌生的老人，对世界的和平一直充满着信心，直到生命的最后一刻。

当美国和南美的智利发生纷争时，智利的政治家公然谴责哈里森总统，使哈里森总统极为愤怒，大有立即诉诸武力的架势。哈里森总统曾经是一名军人，当选总统以后便以强人的姿态执政，一旦国际间发生纠纷，他立刻采取战争的策略，他

卡内基晚年照

的这种作风使一部分朋友们十分担心。因为卡内基曾经参加过第一届南美会议，认识了很多智利人，于是这时候卡内基前往华盛顿，去调解美国和智利的纠纷。

到达华盛顿后，卡内基刚要住进酒店，就被一位议员拉住了。议员对他说："卡内基先生，总统先生就在对面，请你过去一下。"卡内基向对面一看，见总统正在向他招手。

"卡内基先生，你今天为了什么事到华盛顿来？"总统问道。

"我有话想和阁下谈谈。"卡内基说。

"是吗？那正好，我现在正在散步，我们就这样边走边谈吧。"

他们就在黄昏的华盛顿街道上散步，彼此热烈地讨论着，这样大约走了一个小时。

卡内基一再对总统分析整件事的利弊得失，坚决表示和南、北美这种休戚相关的国家发生争执，是没有意义的，应该要根据和平协定来解决事情。而且在经济上来说，战争只会使两国蒙受很大的损失。

总统很坦白地说：“你是经济人，满脑子里想的全是生意和美金，对你们来说，共和国的尊严和荣誉，可以完全置之不顾了。”

卡内基立刻反驳说：“阁下，如果发生战争，在美国最有机会赚钱的就是我，我是一个最大的钢铁生产者，立刻就会有好几百万美元滚进我的钱袋。但是我认为战争是一种罪恶，绝对不能打。”

“好，我知道，在智利的街道上，美国海军被袭击，有两名竟被杀死，你还要忍耐吗？”

“阁下，当时智利的街道上正发生暴动，秩序极为混乱，海军们自己偏要选择这个时候登陆，这能怪谁？如果是我，我就处罚让海军登陆的舰长，这才是正确的做法。”

总统一时为之语塞。不久，他们走到了白宫，互相约定明天再见后就分手了。后来，这个问题以和平的方式予以解决，不难想象，卡内基的话对总统起到了影响。

卡内基就任圣安德鲁大学名誉校长时所发表的一篇讲辞，引起了德国国王的注意，有一天，卡内基在纽约的公寓里收到他的一封来信，信上说他已看完了整篇演讲辞。不久他又寄来一封信，邀请卡内基到德国去和他会面。1907 年，卡内基带着妻子一起前往德国。在抵达德国的当天早上，由美国驻德大使充当向导带着卡内基去参观游艇，偶然间遇到了国王，那天国王临时有事，正好驾临游艇。向导看到国王和一些来开会的海军上将在一起，就把卡内基带到国王面前，为他们作一番介绍，国王很高兴地向卡内基表示欢迎，卡内基更是高兴得禁不住说道："太好了！我能够和高高在上的人毫无拘束地见面，实在太好了！"

接着卡内基说："陛下，承蒙你的邀请，能够看到头戴皇冠的人，对于我们还是生平第一次呢。"

国王面带微笑，他以富有磁性的声音说："对，对！你的书我已经看过，我知道你是一个讨厌帝王的人。"

"是的，我最讨厌帝王，不过如果在国王的身上，能让我发现真正的伟人风范时，那我立刻就会对他另眼相看了。"

"我知道你只喜欢一个帝王，那就是苏格兰的国王布鲁斯。他也是我从小就崇拜的英雄人物，而且我也听过很多有关他的事迹。"

"布鲁斯王葬在我的故乡邓弗姆林的一座寺院中，小时候我经常在那个高耸的四角纪念碑前徘徊，用手指去描石刻上布鲁斯的名字。不过他并不是我故乡中最早的伟人，最初的是民族英雄华莱士。我很希望有机会请陛下到苏格兰去参观布鲁斯和华莱士的纪念堂。"

"我很愿意，苏格兰人比德国人聪明。"

"不会的，苏格兰人也有很多不好的一面啊。"

国王听后笑了起来，在离开以前，他邀请卡内基当天晚上一起吃饭，于是就走向军队集合的地方去了。当天晚上的宴会大约有 60 个人参加，场面热闹而愉快。卡内基坐在国王对面，国王还为他干了一杯酒。

后来卡内基又被请到游艇上吃晚饭，国王也来参加了。这时候卡内基想起罗斯福总统曾对他说过，如果美国的风俗允许，他希望到德国去会见国王，他相信在国际间，这种做法会产生良好的效果。

他就把这件事告诉国王，国王也深表同意，他欢迎罗斯福总统随时到德国来。

这时卡内基又对他说："陛下，宪法上没有限定国王不能出国，你也一样可以到美国去啊。"

国王告诉卡内基说："我终日为国事忙碌，实在抽不出时间来。"

卡内基又说："陛下，记得有一年，当我请假要到国外去时，我曾到自己的工厂和员工们道别。我向他们表示在那种闷热的天气下，大家都在努力工作，而我却抽暇去度假，实在很不应该，不过由于健康的关系，每年总得休养一次，因此我只有表示歉意了。当时我的经理马上接口说：'老板不在，我们也轻松多了，可以当作心理的休假呢。'……陛下，我想你的人民说不定也可能有这种心情。"

国王认为这些话很耐人寻味，不禁笑了起来。卡内基接着说："无论谁来谁去，两国的最高领导人都能在亲善的气氛下见面，这理应如此。"

这件事虽然没能实现，不过卡内基始终认为国王对世界的和平与进步一直都很关注，他的确曾说过："我不断地在为和平奉献一切。"在他担任德国国王的二十几年里，从来没有发生过流血事件，他曾经表示："德国的海军太软弱了，对英国不会构成威胁，虽然如此，我也不想再扩大海军的力量。"

因此卡内基相信德国绝不会威胁到世界的和平，这个帝国所关心的事，只是谋求和平与发展工业而已。卡内基在谒见国王5年后，为了庆祝德国国王即位25年，代表美国到柏林去祝贺。当他呈上祝贺的礼盒时，国王发现是他，就伸出双手来接，他说："卡内基先生，对于这25年来的和平，我想永远永远地持续下去。"

"您的崇高使命一定能够实现，作为一个盟友，我会尽量地协助您。"卡内基真诚地说道。

接着，国王又不停地接受各国代表的祝贺辞，然后把它转交给御前的将官。他的周围全部都是军人，这时候卡内基突然间对这栋有这么多军人的皇宫产生了疑问，这种军国主义如不消失，永远也得不到真正的世界和平。

果然，1914年8月4日，世界大战终于爆发了。人类像野兽一样地互相残杀，但是卡内基并不绝望。因为这时候，卡内基认为还有一个人值得他坚持所有的希望，那就是威尔逊总统。过去总统处理过很多国际纷争，也曾为了维护美国的和平与荣誉而勇敢奋战。卡内基要全力注意总统的所作所为，如果总统需要他，他会随时提供他所能奉献出来的东西帮助总统。

卡内基生前曾写过一本自传，但是在第一次世界大战爆发时中断了。因为战争的爆发对于一直坚信人类之善、毕生努力维护和平的卡内基来说，是一个极大的打击，忧虑导致他无法再提笔写下去了。在他去世的第二年，他的夫人请他生前的密友帮忙整理了他的遗稿，最终使这本自传得以面世。